D0921063

Christian Bobin

Autoportrait au radiateur

Gallimard

Christian Bobin est né en 1951 au Creusot.

Il est l'auteur d'ouvrages dont **les ti**tres s'éclairent les uns les autres comme les fragments d'un **seul** puzzle. Entre autres : *Une petite robe de fête, Souveraineté du vide, Éloge du rien, Le Très-Bas, La part manquante, Isabelle Bruges, L'inespérée, La plus que vive, Autoportrait au radiateur, Geai, Tout le monde est occupé, La présence pure, Ressusciter, La lumière du monde* et *Le Christ aux coquelicots.*

Samedi 6 avril 1996

Je les rencontre une fois par semaine dans une rue en pente. Je les ramène chez moi et je les regarde vivre. Apparemment ce sont des fleurs. Apparemment. Les choses ne sont jamais seulement des choses. Celles-ci par exemple, des tulipes, font résonner dans l'appartement une note gaie, fraternelle. Les livres que je ne peux m'empêcher d'ouvrir ne sont pas aussi généreux. Les livres ne savent pas, comme des tulipes, mourir et renaître et enfin mourir pour de bon. Ce qui aide, c'est ce qui passe. Ce qui prétend à l'éternel n'est d'aucun réconfort.

Dimanche 7 avril

J'attends. J'ai attendu toute ma vie. J'attendrai toute ma vie. Je suis incapable de dire ce que j'attends ainsi. J'ignore ce qui peut mettre fin à une aussi longue attente. Je n'ai pas l'impatience de cette fin. Le présent est vécu, pleinement vécu, mais il est poreux, aérien. Ce que j'attends n'est rien qui puisse venir du côté du temps. Je ne peux pas m'expliquer là-dessus. Pourquoi devrait-on toujours s'expliquer ?

Je me suis fait écrivain ou plus exactement je me suis laissé faire écrivain pour disposer d'un temps pur, vidé de toute occupation sérieuse.

Lundi 8 avril

Je cherche dès le réveil ce qui est nécessaire au jour pour être un jour : un rien de gaieté. Je cherche sans chercher. Cela peut venir de partout. C'est donné en une seconde pour la journée entière.

La gaieté, ce que j'appelle ainsi, c'est du minuscule et de l'imprévisible. Un petit marteau de lumière heurtant le bronze du réel. La note qui en sort se propage dans l'air, de proche en proche jusqu'au lointain.

Quand nous sommes gais, Dieu se réveille.

Mardi 9 avril

À la question toujours encombrante : qu'est-ce que tu écris en ce moment, je réponds que j'écris sur des fleurs, et qu'un autre jour je choisirai un sujet encore plus mince, plus humble si possible. Une tasse de café noir. Les aventures d'une feuille de cerisier. Mais pour l'heure, j'ai déjà beaucoup à voir : neuf tulipes pouffant de rire dans un vase transparent. Je regarde leur tremblement sous les ailes du temps qui passe. Elles ont une manière rayonnante d'être sans défense, et j'écris cette phrase sous leur dictée : « Ce qui fait événement, c'est ce qui est vivant, et ce qui est vivant, c'est ce qui ne se protège pas de sa perte. »

Mercredi 10 avril

Ne pas donner son cœur aux fantômes. Les fantômes, ce ne sont pas les morts, certes non, ce sont les vivants quand ils se laissent emmailloter par les bandelettes de leurs soucis.

Plus leur fin se précise, plus les tulipes se tendent vers la fenêtre — comme si la lumière avait quelque chose à leur dire qu'elles entendent de moins en moins bien. La mort voisine les rend un peu sourdes. Elles demandent au jour de répéter ce qu'il vient de leur confier, si possible un peu plus fort.

Un seau rempli de lumière. On le renverse d'un seul coup sur le carrelage de papier blanc.

Jeudi 11 avril

L'extrémité de leurs pétales noircit et se recroqueville comme un papier que l'on approche d'une flamme.

Ce soir ou demain au plus tard, je vais me séparer de vous, je ferai entrer de jeunes tulipes dans cet appartement, elles ne prendront pas votre place, elles poursuivront votre travail et, comme vous, elles feront rebondir la lumière sur leurs joues fraîches, je vous remercie, vous avez été de bonnes ouvrières, je vous remercie infiniment pour m'avoir accompagné dans cette poignée de jours qui, pour vous comme pour moi, faisait une vie claire et douce, presque accablante.

Le ciel ce matin, mais il en est ainsi tous les

matins, est une cour de récréation : des oiseaux s'y poursuivent, du gris et du blanc y jouent à la marelle, cela dure longtemps, même après la sonnerie d'une giboulée, pas question de rentrer en classe, on est là pour jouer jusqu'à la fin des temps, les lumières dans la cour des filles, les nuages dans la cour des garçons.

Il faudrait que l'on me prenne par la main et que l'on m'emmène en Hollande, comme ça, pour rien, pour changer d'air ou plutôt pour vérifier que l'air est le même partout. La Hollande ou tout autre pays mélangé d'eau et de terre. Je ne peux voyager autrement. Mais dès que l'on veut me tenir par la main, je hurle. C'est insoluble, cette histoire.

Vendredi 12 avril

Les nouvelles tulipes sont là, encore intimidées, leurs gros pétales refermés, on dirait des pinces de crabe, la couleur est rose, un rose orangé, il faudrait un peintre pour les accueillir dignement, quelqu'un qui ouvrirait une voie royale de l'œil à l'esprit, sans l'intermédiaire bruyant des mots.

Je vous aime les filles, et j'aime avec autant

d'intensité vos parentes lointaines, les fleurs gitanes des terrains vagues, celles qui sont trop frêles ou communes pour avoir une valeur marchande. Je vous aime et j'aime avec autant d'amour les pissenlits, comme j'aime chaque atome de cette matière : la tache qui est au plafond de la salle, juste au-dessus de ma tête lorsque j'écris, me semble aussi princière qu'un soleil, elle me donne même joie.

Dimancne 14 avril

Mon Dieu, pourquoi avez-vous inventé la mort, pourquoi avez-vous laissé venir une telle chose, elle est si douce la vie sur terre, il faudra que votre paradis soit éblouissant pour que le manque de cette vie terrestre ne s'y fasse pas sentir, il faudra que vous ayez du génie pour me donner une joie aussi pure que celle de l'air frais d'une matinée d'avril, oui il faudra que vous ayez beaucoup de talent donc d'amour pour que, dans votre paradis, aucune nostalgie ne vienne de cette vie-là, blessée, petite, muette.

Lundi 15 avril

Je ne vis pas tout le temps. Je ne suis pas vivant pendant une journée entière. Qui l'est ? Ce qu'on appelle une vie, c'est tout sauf « une » — c'est ligoté en surface et discontinu en dessous, troué, déchiré, décousu, éclairci de tous côtés.

L'enfance est longue, longue, longue. Après vient l'âge adulte qui dure une seconde et la seconde suivante la mort éclate, ruisselle.

Depuis quelque temps je suis comme une souris sous un parquet de bois, dans une maison abandonnée. Je grignote du silence et j'en ai tellement devant moi, en si grande quantité, que je ne sors plus, même pas la nuit.

Mardi 16 avril

Ma vie est bien plus belle lorsque je n'y suis pas.

Chaque matin je vais dans la rue pour acheter un journal, tâter la lumière, regarder les vitrines de magasin, flairer la lumière, fumer une cigarette, manger la lumière.

Dieu c'est dehors, pas dedans. Et où, dehors ? Partout dans la lumière. Et la nuit ? La nuit c'est pareil, même lumière. Et dedans, c'est quoi ? Dedans c'est rien — pensées, opinions, sentiments, projets, soucis, beaucoup de choses mais rien, aucune lumière.

Mercredi 17 avril

Les hommes, ce n'est quand même pas trop finaud, même les saints : je reconnais d'emblée, au toucher, une phrase de saint Jean de la Croix et une de Thérèse d'Avila. Saint Jean de la Croix, c'est plus fort que lui, il parle en garçon, avec cette impatience d'aller vers du général, de l'abstrait, du métaphysique. C'est un homme, donc il veut du construit, du solide. Sainte Thérèse d'Avila, elle, file comme une truite, elle rit, elle éclabousse.

Tu étais si gourmande de la vie que tu l'as avalée avec ta mort dedans, comme ces petits enfants qui gobent le noyau d'une pêche, très vite, avant qu'on ait le temps de les avertir.

Elles se penchent moins qu'hier vers la fenêtre. Il est vrai qu'aujourd'hui il pleut et que le ciel est parti : leur grande sœur la lumière n'est plus là pour les nourrir, les bercer, les choyer. Il faut qu'elles se débrouillent toutes seules.

Cette femme avec ses quatre enfants éparpillés dans le hall de gare. Elle a un léger défaut dans ses yeux clairs. Le même défaut et la même eau verte se retrouvent dans les yeux des quatre enfants comme si, pour venir au monde, ils étaient sortis de ses yeux à elle — quatre battements des paupières d'une fée.

Jeudi 18 avril

Un carnage : une dizaine de pétales roses sur la laine rouge du tapis. Quant aux fleurs qui gardent encore leur forme, on dirait qu'elles ont maigri en une nuit, qu'une main rugueuse les a saisies, froissées, *prévenues.*

De chacun de ceux que je rencontre j'attends quelque chose, et je le reçois, puisque je l'attends.

Oui, c'est ça, ta mort est aussi violente que celle d'un enfant. Même arrachement de tous les nerfs, même douleur pure. Le mot important là-dedans est le mot « pur ». C'est ton signe, ta marque : même en disparaissant, donc en provoquant un mal épouvantable, tu t'arranges pour donner la plus grande pureté concevable, encore et encore et encore tu donnes, inlassablement, irrésistiblement tu donnes.

Vendredi 19 avril

Les parfums de l'herbe fraîchement coupée, en bas des immeubles, amènent cette journée au sommet de sa gloire. Tout ce qui viendra d'autre viendra en plus. On peut estimer que c'est là faire grand cas de presque rien — et pourtant : l'argent, le succès, le travail, la lecture et l'amour ne donnent pas une ivresse aussi intense que cette poignée d'herbes tranchées, remettant leur petite âme odorante aux mains de l'air.

Samedi 20 avril

Devant ce qui te blessait le plus, tu commençais par éclater de rire. Tu n'es plus là mais j'ai retenu ta leçon, aujourd'hui je l'écris ainsi : « Dans ce qui prétend nous ruiner, grandit notre trésor. »

Une obsession, une seule obsession, tenace, infatigable, une obsession profonde, insistante, incurable : c'est avec ça qu'on fait un écrivain — ou un fou. Mon obsession à moi, têtue, inusable, c'est la vision d'une femme auprès de ses enfants. Cette scène, sans doute la plus répandue dans le monde, me mène immédiatement sur les terres mélangées de la bêtise et de l'adoration. Je veux bien cette bêtise. J'abandonne la grande intelligence ornée, je l'échange dans l'instant contre cette bêtise adorante, lumineuse. Pourquoi un tel spectacle me bouleverse-t-il autant, je l'ignore. Je sais seulement que c'est dans cette bêtise que je trouve la plus claire santé avec la plus grande joie. Un visage, une parole, une feuille d'arbre peuvent certes me conduire également dans ces zones où le barrage de la conscience éclate, délivrant les eaux du ravissement. Mais ce visage, cette parole ou cette feuille ne sont alors que des figures secondes, dérivées : il y a toujours quelque chose de maternel dans ce qui me trouble — une manière que la vie a de veiller sur la vie faible.

Dans la cuisine, des roses minuscules, adorables. Deux sont en grande conversation, appuyées l'une sur l'autre. Quand je quitte l'appartement, je les regarde et j'ai la sensation de partir en laissant la lumière.

Dimanche 21 avril

Tu citais souvent cette phrase, tu l'avais prélevée dans un livre, je n'ai jamais su lequel, elle t'allait bien, elle t'allait à merveille comme la chaussure manquante au pied de Cendrillon : « Personne n'est exactement à sa place et cela vaut mieux, une stricte adéquation serait insupportable »

Qu'est-ce que c'est bavard, une rose

Lundi 22 avril

Et me voilà devant une journée neuve. Y cheminer jusqu'au soir, c'est vraiment du grand art. Je me sens comme un écolier à qui chaque jour on ferait passer un examen. Hier il a eu une bonne note, ou une mauvaise, peu importe. C'est aujourd'hui l'épreuve décisive, impossible de se reposer sur les résultats de la veille, d'ailleurs ils sont effacés

C'est clair : tout ce que j'ai, on me l'a donné. Tout ce que je peux avoir de vivant, de simple et de calme, je l'ai reçu. Je n'ai pas la folie de croire que cela m'était dû, ou que j'en étais digne. Non, non. Tout m'est depuis toujours donné, à chaque instant, par chacun de ceux que je rencontre. Tout ? Oui. Depuis toujours ? Oui. À chaque instant ? Oui. Par chacun de ceux que je rencontre, sans exception ? Oui. Alors, pourquoi, parfois, une ombre, une lourdeur, une mélancolie ? Eh bien c'est qu'il me manque parfois le don de recevoir. C'est un vrai don, un don absolu. Quelquefois je prétends trier, choisir, je me dis que l'herbe est plus verte de l'autre côté du pont, des bêtises comme ça, rien de grave puisque l'on continue de tout me donner, sans arrêt, pour rien.

Cette parole de Thérèse de Lisieux, devant les épreuves : « Je choisis tout. »

Dis donc, toi, avec ton tabac, ton whisky et ta paresse, tu ne tiendrais pas deux jours dans un monastère. Laisse donc les saintes tranquilles. Écris plutôt sur les roses, la lumière, les visages, le temps qui passe. D'ailleurs c'est la même chose.

Mercredi 24 avril

« Je pense parfois à ma mère morte et parfois ça me fait triste, et parfois non, mais je n'y pense jamais quand je joue » — oui, petite fille. et c'est peut-être là, dans le milieu de tes rires, quand la joie mange tes yeux, c'est peut-être là que ta mère revient te voir, qu'elle remonte au jour : la joie est en nous bien plus profonde que la pensée, elle va beaucoup plus vite, beaucoup plus loin.

Jeudi 25 avril

Tulipes aux couleurs franches comme des dessins d'enfants. Elles sont entrées vertes dans l'appartement. Le pinceau des lumières les tire déjà vers le jaune.

Ce qui croit commencer ne fait que poursuivre.

Vendredi 26 avril

Je fais mon nid dans une phrase de Hölderlin, écrite vers la fin de sa vie, dans ce qu'on appelle les années de folie : « Nul, sans ailes, n'a le pouvoir de saisir ce qui est proche. »

Qu'est-ce que tu fais dans la vie ? Rien, j'apprends. Tu apprends quoi ? Rien, j'apprends.

Venez, venez plus près que je fasse votre louange. Il est neuf heures du soir et la lumière des lampes vous flatte en secret. Tiges vert cru, pétales jaune poussin, vous voilà prêtes pour le bal.

Les ailes, c'est le réel qui les donne — le réel contemplé de face, en face, tel qu'il est, nécessairement non conforme à nos souhaits.

Dimanche 28 avril

Des heures allongé sur un lit dans une chambre, à regarder les mouvements d'un rideau agité par le vent. Il y a mieux à faire ? C'est une occupation — si c'en est vraiment une — un peu triste ou, pour le moins, mélancolique ? Pas du tout, pas du tout. Ce serait plutôt le contraire : cette immobilité du corps et ce frémissement d'un rideau forment une des figures les plus sûres de la joie. En regard de la plénitude de ces heures-là — oui, oui : plénitude — écrire est presque trop.

J'ai parfois envie de mourir comme le petit enfant a envie d'ouvrir son cadeau avant l'heure.

Un trèfle à quatre feuilles, on n'en découvre pas si souvent, c'est rare, presque miraculeux. Oui, je veux bien, mais je tiens déjà pour miraculeux un trèfle de l'espèce ordinaire, à trois feuilles, je n'en reviens pas de ces choses les plus banales et de moi devant elles, promis à disparaître.

Lundi 29 avril

Il a suffi que je m'absente toute la journée : à mon retour je découvre les tulipes courbées vers la lumière, ployées vers la lumière, tendues vers la lumière avec une telle intensité que j'en suis presque gêné et que j'ai l'impression de surprendre un secret, de voir ce qu'il est interdit de voir.

Mardi 30 avril

La vie, je la trouve dans ce qui m'interrompt, me coupe, me blesse, me contredit. La vie, c'est celle qui parle quand on lui a défendu de parler, bousculant prévisions et pensées, délivrant de la morne accoutumance de soi à soi.

Hier j'ai vu ta tombe, pas celle où on t'a mise (je l'ai vue aussi) mais celle dont tu sors sans arrêt en souriant : hier tu étais momentanément installée dans un bouquet de myosotis. Un peu plus tard je t'ai devinée dans les fantaisies de la pluie sur l'autoroute, et quand j'ai poussé la porte de l'appartement tu étais déjà là, dans le silence d'une fin de jour.

Jeudi 2 mai

J'écris vite, vite, vite. J'aimerais que mes mots dans ce carnet soient aussi légers que ce qui reste — ce qui insiste, demeure, triomphe — de ta vie aujourd'hui passée au crible — au tamis, au pressoir — de ta mort.

La vérité, ce n'est pas un trou dans la terre.

La vérité, c'est l'infini d'amour parfois reçu dans cette vie quand nous n'avions vraiment plus rien. Il suffit d'une seconde pour le connaître et comprendre — même si « comprendre » n'est pas le mot — que cet infini nécessairement a un lieu qui doit nécessairement être lui aussi infini. Un trou dans la terre, ce n'est pas assez large pour contenir tout ça.

Dans mes amis je compte un étang, quelques arbres et presque toutes les fleurs de la création. Presque toutes — je n'aime pas les lys, trop m'as-tu-vu-dans-ma-robe-de-gala, et j'ai des soupçons sur les œillets : impossible de savoir s'ils sont morts ou vivants. Fanés, ils sont inchangés. Je soupçonne tous les œillets d'être en papier et quant aux lys, rien qu'à les voir, je me sens anarchiste.

Quand je serai grand, je me marierai avec sainte Thérèse d'Avila. Ou avec sainte Thérèse de Lisieux. J'hésite.

Vendredi 3 mai

Sur la route entre Chalon et Bourg, du pollen qui voltige dans l'air : je savais bien que tu n'étais pas loin, dansant comme à ton habitude, insaisissable.

Samedi 4 mai

Ce qui fatigue
        c'est de n'avoir affaire qu'à soi.
Ce qui fatigue
        c'est d'être à soi-même comme un
        sac, comme une pierre.
La prière des fatigués commence ainsi :
        « Mon Dieu, délivrez-moi de moi. »
Et cette prière, quand elle est réelle,
        est aussitôt exaucée.

Dimanche 5 mai

J'ai un trésor. Il est inépuisable à condition de le dépenser entièrement.

Pas de fleurs aujourd'hui — mais la lumière qu'elles seules savent donner est quand même là.

Lundi 6 mai

Un bœuf. Un bœuf avec des ailes : voilà exactement ce que je suis. Un bœuf avec, plantées sur le dos, entre les épaules, deux ailes minuscules, guère plus grosses que deux bosses. La plupart du temps, les ailes sont au repos. Quand elles sont en mouvement, elles ne déplacent que très peu d'air, le bœuf est soulevé à un millimètre au-dessus du sol — mais cela suffit pour voler, cela suffit amplement.

Mardi 7 mai

Jeune pluie de mai, tu es alerte, drôle et vive, tu pépies, tu gazouilles, tu babilles, tu parles sans arrêt et si je ne comprends pas ce que tu dis, j'entends parfaitement l'éclat de ton rire quand tu heurtes le sol dur du trottoir : vie et mort, même chanson, joie sorcière.

Dix roses dans la cuisine, dix roses sur le bureau, vingt lettres d'amour.

Les hommes ? Non, je ne les vois pas. Et les pères encore moins. Et les maris pas du tout. C'est comme ça : je ne sais voir que les femmes et les enfants. Pour voir un peu de cette vie, il faut commencer par en oublier beaucoup. C'est la règle : pas de vision sans point aveugle — à moins d'être saint, bien sûr.

Mercredi 8 mai

Je rentre du parc, l'enfant sur mes épaules. Dans la main droite, je tiens son vélo, dans la main gauche, une peluche énorme. Le chemin est en pente, je suis bientôt en sueur et la fatigue qui me vient est aussi précieuse qu'une joie — d'ailleurs cette fatigue en elle-même est une joie.

À la sortie du parc, une coulée d'herbes grasses et hautes, affolées de pâquerettes. L'enfant pousse un « oh » de stupeur, émerveillée par la surabondance de cette vie fragile.

Jeudi 9 mai

Les roses dans la cuisine font peine à voir Fripées, noircies, elles ont la tête que j'avais, enfant, lorsqu'il me fallait vivre ne serait-ce qu'un jour loin de chez moi.

« Chez moi », c'est là où il y a assez de solitude pour qu'une rose y vive.

Vendredi 10 mai

Ta mort fait comme une île noire dans un océan de lumière. Pour te rejoindre, aucune barque. Il faudrait pouvoir marcher sur la lumière. Cela doit s'apprendre. Cela s'apprend.

Dimanche 12 mai

À nouveau des roses. Celles qui sont dans la cuisine, d'un rouge velours, sont les plus belles. D'ici où j'écris, dans la salle, je les entends.

Je me demande où tu es. Le cimetière, la terre, le cercueil cela ne me suffit pas comme réponse.

Lundi 13 mai

Ce matin, je ne sais ni pourquoi ni comment, je me retrouve avec une foule d'images entrevues ces dernières années — comme un jardin que l'on devine derrière un portail ou comme la foudre d'une lumière aperçue à travers une charmille.

Une jeune fille sous le soleil d'août, dans la rue d'un village normand. Elle est accostée par un prêtre en soutane. Je marche sur le trottoir d'en face, je n'entends pas ce que lui dit le prêtre, je vois le rouge monter aux joues de la jeune fille.

Un homme dans les rues de Roubaix. Je l'aperçois depuis une voiture. Il marche à grands pas, les passants se retournent sur lui en éclatant de rire. Il tient dans sa main une ficelle avec, au bout de la ficelle, un canard en bois sur des roues de plastique jaune.

Un rouge-gorge dans les bois de Saint-Sernin. Il fait le fier à quelques centimètres de moi. Il est en colère. C'est honteux, me dit-il, on ne rentre pas chez les gens comme ça, sans préve-nir — et je ne peux que lui donner raison.

Toutes ces images et d'autres, des centaines d'autres, dorment en moi dans le profond. Libres, drôles et muettes. Elles ne me délivrent aucune leçon. Elles n'ont rien à me dire que leur gaieté persistante après tellement de temps.

Certaines doivent bien avoir douze ou quinze ans, d'autres quelques mois. Disons qu'elles n'ont pas d'âge, qu'elles retiennent en elles cette fraîcheur propre aux dessins d'enfants.

La mort, chaque fois qu'elle survient, détruit un livre d'images.

Mardi 14 mai

À l'agitation de la lumière, les roses répondent par une seule phrase indéfiniment répétée : « C'est pas grave, c'est pas grave »

Les oiseaux qui chantent tous les soirs à la même heure, dans les arbres en face de l'immeuble : on dirait des voyous qui fêtent un cambriolage. Grand chahut, fous rires et, d'un seul coup, plus rien. Le silence. Chacun est rentré dans son nid. Il ne faut pas se coucher trop tard, demain on a du travail, on attaque une forêt.

Mercredi 15 mai

Cette fois, c'est moi qui me suis réveillé le premier : je découvre les roses en petite tenue, marquées par les plis du sommeil.

Les morts sont comme des gens un peu sévères, derrière les volets clos d'une maison provinciale. Le rire d'une petite fille, dans le jardin ensoleillé, les sort de leur torpeur.

Jeudi 16 mai

Ici, là, un peu partout : un passage entre le visible et l'invisible. Une fenêtre mal fermée, une porte entrouverte par où arrive un peu de lumière. Sans invisible, nous ne verrions rien, nous serions dans le noir complet.

Vendredi 17 mai

Je n'aime pas ceux qui parlent de Dieu comme d'une valeur sûre. Je n'aime pas non plus ceux qui en parlent comme d'une infirmité de l'intelligence. Je n'aime pas ceux qui savent, j'aime ceux qui aiment.

On peut fort bien, par temps clair, entrevoir Dieu sur le visage du premier venu. Voilà. C'est aussi simple que cela. Et personne ne nous a jamais dit que ce qui était simple n'était pas déchirant.

Samedi 18 mai

Tu as traversé cette vie sans que rien ni personne ne t'arrête, et tu as continué sur ton élan : tu n'es pas dans ta mort. Tu n'y reposes pas. Tu la traverses et tu continues d'aller tes yeux grands ouverts dans le noir.

J'ai fait très peu de choses aujourd'hui. J'ai fait ce que je fais chaque jour : j'ai espéré un miracle. Et il est arrivé. Il arrive chaque jour, parfois à la dernière seconde — toujours du côté où je ne l'espérais plus.

Dimanche 19 mai

Dans ce monde, il n'y a que la joie qui m'intéresse. Ce que j'appelle « joie » est de même envergure que la vie — quelque chose de brillant comme une larme sur un visage et comme un bouton-d'or dans ''herbe, sans que l'on puisse distinguer entre ces deux lumières.

Les fleurs que je viens d'acheter ressemblent à des liserons. Le fleuriste m'a dit leur nom. Quelque chose en latin. J'ai préféré les baptiser, leur donner un nom rien qu'à elles, pour leur vie dans l'appartement. Je les appelle des pièges-pour-les-fées.

Mardi 21 mai

Je suis au lit, mais je n'ai pas tout à fait quitté le corps du sommeil, un corps massif, argileux, sans forme. Je ne bouge pas, je garde les yeux clos et j'écoute la rumeur du monde par la fenêtre entrouverte. Dans le lointain, des voitures passent. Quand il pleut, l'air qu'elles déplacent fait le bruit d'une soie que l'on déchire lentement. Un peu plus près, les lambeaux d'une conversation entre deux promeneurs. Le vent brasse les phrases, coupe les mots. Au premier plan, des trilles d'oiseaux, nets, forts, comme si la serpillière de l'air était tordue d'une main ferme et qu'il en sortait ces notes-là, des gouttes de lumière. Cette perception matinale des bruits du monde me donne, depuis la petite enfance, une joie énorme. C'est par elle que je réapprends la grâce d'être vivant. Tout est là, rien ne manque. Je peux me lever dans quelques minutes. Je peux aussi bien rester au lit jusqu'au dernier de mes jours. Rien n'est encore décidé. Pour l'instant, je me contente d'écouter le bruit que fait le monde lorsque je n'y suis pas.

Mercredi 22 mai

Elle sort du bain, je lui frictionne les cheveux, on parle. On parle sans arrêt et on fait aussi parler les peluches. Elle va dans la parole avec la liberté de ses cinq ans. Les mots sont des antennes avec lesquelles elle touche la vie et, ce soir, tout d'un coup sérieuse dans son peignoir jaune, ses yeux dans mes yeux, elle me demande : « Ce sont les grands qui meurent, jamais les enfants, hein ? » Je réponds n'importe quoi, je réponds pour arrêter la question, pas pour l'éclairer, je réponds : « Oui. » Elle me regarde. Elle a dans ses yeux la malice et la douceur d'un vieux sage oriental. Après un temps de silence, elle me dit : « Tu ne te souviens pas de la petite Sophie dans mon école, tu ne te souviens pas de ce que je t'ai dit, qu'elle est morte dans un accident de voiture ? Pourquoi tu mens ? Ce n'est pas bien, il faut toujours dire les choses qu'on connaît, il faut dire ce qui existe, même la mort. » Puis elle rit et retourne à ses jeux. L'ange de la vie venait de passer dans la salle de bains, toujours imprévisible, précis dans ses conseils.

Jeudi 23 mai

J'aime si peu quitter ma chambre que c'en devient comique. Je me demande où j'ai pris goût à tant d'inertie. Depuis toujours sans doute. La maison s'est effondrée à ma naissance sur mon berceau, les années ont passé et j'ai continué à vivre là-dessous, sans penser à écarter les gravats, poutres, tuiles, papiers peints, plâtres qui me sont tombés dessus. J'arrive quand même à entrevoir un peu de ciel et ça me suffit pour être repu, ravi, comblé.

Samedi 25 mai

Ce soir, les fleurs et moi, on est fatigués. Rien de grave. Demain, j'inviterai de nouvelles fleurs et un nouveau « moi ».

Des lys. Je ne sais pas ce qui m'a pris, j'ai ramené à la maison des fleurs qui ne sont pas mon genre. Peut-être parce que je ne les aimais pas, justement — pour le plaisir de me contredire, d'aller pour une fois contre mes habitudes. Et c'est réussi : un vrai coup de foudre.

Les enfants en bas âge prennent toutes les forces de ceux qui s'occupent d'eux et, en un millième de seconde, par la grâce d'un mot ou d'un rire, ils donnent infiniment plus que tout ce qu'ils avaient pris.

« Infiniment plus que tout » : c'est le nom enfantin de l'amour, son petit nom, son nom secret.

Dans la manière que cette vie a parfois de chanter, je retrouve un écho assourdi de ton rire — comme si la foudre, en tombant sur l'arbre où tu battais des ailes, ne t'avait pas tuée, seulement étourdie et projetée au loin.

Lundi 27 mai

Au réveil, deux lys sur trois s'étaient brisés, accablés par le poids de leurs fleurs. Avec un couteau, j'ai coupé les tiges au-dessus de leur blessure. Les fleurs continuent de s'ouvrir, grasses, blanches, tachées d'orange. L'eau leur monte plus vite à la tête — l'eau et peut-être la solitude, le silence, la jouissance de vivre sans prudence aucune.

Peut-être, comme ces fleurs, t'es-tu soudain courbée sous le poids de tes dons, et la mort serait venue couper au plus ras — la lumière désormais filant droit dans ton âme sans l'inter médiaire de la chair. Un tel excès une telle exa gération de vie, cela te ressemblerait beaucoup

Mardi 28 mai

Les lys ont tout enduré : la fumée des ciga rettes, l'odeur du café, la musique à deux heures du matin. Pas facile de partager la vie d'un célibataire. Cela dit, ils sont en pleine forme. Ils ont quitté ce côté raide qu'ils avaient au début, et c'est tant mieux : la vraie beauté ne va pas avec le solennel. La vraie beauté a tou-

jours un je-ne-sais-quoi de nonchalant, d'abandonné — d'offert.

Et un jour il nous suffira, pour prendre
connaissance d'un livre, de poser l'index sur sa
couverture, et toute la lumière des mots passera
en nous, sans reste, et ce jour-là nous saurons
que nous sommes morts — car tant que nous
étions vivants, nous étions voués au laborieux,
au mot à mot et à l'indéchiffrable.

Jeudi 30 mai

Dix heures du matin sur la terre, un verre de
vin blanc à la main, je regarde la lumière jouer à
saute-mouton par-dessus les tables du café. Dix
heures du matin dans le ciel, tu dois être en
train de faire la grasse matinée, à peine déran-
gée par les anges qui refont l'appartement à
côté du tien.

Les petites choses, les choses perdues qui
n'ont de valeur pour personne sauf pour Dieu
— une herbe folle, un grain de poussière, la tristesse des pauvres.

Dans l'imaginaire, un écrivain est toujours

mort, même quand il est vivant. Et les chanteurs, c'est l'inverse : même morts, ils sont vivants. Il me reste donc à écrire comme on chante.

Vendredi 31 mai

Mozart écrit, à propos d'un de ses concertos : « C'est brillant, mais cela manque de pauvreté. »

Samedi 1er juin

J'ai pensé il y a quelques mois acheter une maison. L'envie est venue, l'envie est partie. Beaucoup de mes envies sont ainsi : elles flambent un jour et s'éteignent au jour suivant. Donc, pour l'instant, pas de maison — mais des lys, des roses et des tulipes : j'habite ce qui réjouit mes yeux, pas besoin de notaire pour ça.

J'écrirai tant que j'aurai de la joie et de la surprise à écrire. Si un jour cette joie et cette surprise empruntent d'autres chemins — je les suivrai.

Lundi 3 juin

Il y a un instant où notre vie, sous la pression d'une joie ou d'une douleur, rassemble ce qui, en elle, était auparavant dispersé — comme une ville dont les habitants abandonneraient leurs occupations pour se réunir tous sur la grand-place. Cet instant peut arriver à n'importe quel âge, à deux ans comme à quarante. Ce qui est créé là ne cessera plus ensuite de répandre ses effets jusqu'à notre dernier souffle.

Dans la racine du mot « négligence », il y a le mot « lire ». Faire preuve vis-à-vis d'autrui de négligence, c'est être devant lui comme devant un livre que l'on n'ouvrira pas, le laissant à lui-même obscur, privé de sens.

Mardi 4 juin

J'ai beaucoup dormi et je me réveille pourtant rompu, sombre. Au bout de quelques minutes, la gaieté revient me voir : les jappements d'un chien dans la rue et le calme incroyable des lys l'ont ramenée, bien plus sûrement que tout remède connu.

Ta fille aînée porte en elle une colère qui la protège. Elle a seize ans, mais cette colère ne doit rien à son âge. Personne n'est jamais tout à fait ni seulement ce que dit son âge. Cette colère est en elle depuis toujours, avec la bonté dont elle n'est pas séparable

Je pense parfois à ce millième de seconde où tu as su que tu étais morte — car je crois que l'on sait ces choses-là. Cette pensée, à peine formulée, se heurte à un mur sur lequel elle rebondit, pour me revenir ainsi : « Tu as, en un millième de seconde, éprouvé une solitude si pure qu'elle t'a donné sur la vie un savoir que les vivants n'auront jamais, qu'ils prêtent seulement aux anges. »

Le souci de soi est une chose qui encombre les vivants. Peut-être est-ce le premier sac de sable que les morts jettent par-dessus leur nacelle, pour bondir au plus haut, hors de vue.

Mercredi 5 juin

« Peut-être », « je ne sais pas », « j'ignore », « je me demande » — c'est le nouveau vocabulaire que ta mort m'a donné. L'ancien — « lumière », « enfance », « attendre » — en est rafraîchi.

Vendredi 7 juin

Hier j'ai relu quelques-unes de tes lettres. Les écritures manuscrites sont comme les voix : elles disent autre chose que les mots qu'elles transportent. Et parfois elles contredisent ces mots. Les variations de l'âme sont enregistrées par la main sur le papier, comme les tremblements imperceptibles de la terre sont rendus visibles par le mouvement d'aiguilles sur du papier millimétré. Ton écriture te ressemble. Accueillante, calme, immédiatement donnée : ton âme m'a fait plaisir à voir.

Samedi 8 juin

Dans ta mort, comme dans toute disparition, il y a de l'inconnu et du souffrant. Jour après jour, je sépare l'un de l'autre : ils ne se confondent pas. La souffrance sécrète du noir, l'inconnu engendre de la lumière.

Dimanche 9 juin

Je regarde ce carnet, j'ai seulement écrit la date, je relève la tête, un moineau bat des ailes dans le ciel, et voilà : ma page est écrite, l'oiseau vient d'emporter la journée entière sur ses ailes.

Lundi 10 juin

Tous ces gens que je vois dans la traversée de villes inconnues, tous ces visages, ces mains, ces dos, ces corps qui mourront avant ou après moi, toutes ces vies étrangères, je les serre contre moi une seconde et tous, oui, tous, hommes, femmes, enfants, m'impressionnent par leur courage à vivre, à simplement vivre, tous me semblent meilleurs que moi, et cette pensée est peut-être curieuse, peut-être malade — alors j'espère que cette maladie est incurable, tellement elle me donne de joie.

Mercredi 12 juin

Allez, hop, dans l'eau, tous les deux, l'enfant et moi. L'enfant a des bouées autour des bras, elle va loin, ses yeux brillent, elle éclate de rire en voyant une poule se promener sur la plage, et moi je ris aussi : l'eau, la chaleur, la gaieté de l'enfant et le dandinement d'une poule rousse sur des serviettes de bain m'ont sorti de moi, remis au monde.

Jeudi 13 juin

Momifiés, les lys. Pétrifiés. Je viens d'acheter des roses aux pétales gros comme des ongles, blancs dans leur centre, rouge-violet sur leurs bords — des jupons sur lesquels on aurait versé du vin rouge.

Ta mort aura bientôt un an. Elle commence à peine à parler, à faire ses premiers pas.

Si on veut me faire peur, très peur, il suffit de m'annoncer une visite : aussitôt j'ai l'impression qu'on va porter un coup fatal à ma solitude. Une plaie va s'ouvrir que je mettrai un temps fou à refermer. Et si l'on me précise que l'on ne vient que pour peu de temps, je m'affole encore plus.

Vendredi 14 juin

L'enfance continuée longtemps après l'enfance : c'est ce que vivent les amoureux, les écrivains et les funambules.

Les roses font leur travail de rose. Elles s'ouvrent, elles s'offrent. Celles qui sont dans la cuisine restent plus longtemps fraîches. Quant à celles du salon, sept filles en jupon blanc maculé de rouge, elles partagent la même eau, mais pas le même destin. L'une d'elles, par exemple, a, contrairement aux six autres, sa tête inclinée très bas comme sous le coup d'une mauvaise nouvelle. Ses voisines ne semblent pas avoir entendu la même chose.

Ce matin, sur le boulevard, ma mort marchait à mes côtés, sous les platanes. Comme moi, elle cherchait la fraîcheur. Elle est arrivée sans prévenir : d'un seul coup, je n'avais plus aucune envie de vivre. Cela ne se remarquait pas. Cela n'avait d'ailleurs rien de remarquable. Si on m'avait regardé, on n'aurait vu qu'un homme un peu lourdaud cheminer dans l'ombre des arbres, mettre deux lettres à la poste, puis remonter dans sa voiture et partir déjeuner chez ses parents. Là, nous étions cinq à table : mon père avec, derrière lui, comme un ange fourbu, le désespoir d'être perdu dans le grand âge. Ma mère était seule avec elle-même. Ma mort est restée sur mes genoux pendant tout le repas. On peut très bien ne plus vouloir vivre et manger de la viande et des pommes de terre sautées. Je suis rentré chez moi, je me suis allongé sur le lit. Ma mort semblait aussi accablée que moi par la chaleur. Quelques minutes ont passé. Je me suis levé, j'ai préparé un café et j'ai ouvert un livre de poèmes. De la lumière sortait du livre. Je crois que c'est à cet instant-là que ma mort s'en est allée de l'appartement en traversant la porte, sans faire de bruit. Ce n'était pas son heure, et puis peut-être était-elle soudainement déprimée par la beauté de quelques mots, oui, peut-être ma mort ne supporte-t-elle pas les livres et préfère-t-elle la compagnie migraineuse des radios et des télévisions.

Dimanche 16 juin

Ma façon de rejoindre le monde, c'est de m'en séparer pour lui écrire.

Ce qu'on appelle le « charme » d'une personne, c'est la liberté dont elle use vis-à-vis d'elle-même, quelque chose qui, dans sa vie, est plus libre que sa vie.

À nouveau le mariage bienheureux de l'eau et du soleil. Un après-midi au bord d'un étang. Je nage, je lis, je sommeille. En repartant vers la voiture, je vois une jeune femme dans l'herbe, endormie avec son bébé serré contre elle — mais on dirait que c'est l'inverse, que c'est le bébé qui tient sa mère entre ses bras dodus, on dirait que c'est le plus faible qui protège la plus forte. Je monte dans la voiture. Je conduis sur la route trempée de lumière. La ville se rapproche, l'étang s'éloigne, pendant qu'en moi grandit l'image d'un bébé bleu, portant dans ses bras une femme minuscule, sur fond de ciel vert.

Lundi 17 juin

Les roses ont tout donné et maintenant elles meurent, ce qui est une façon de donner encore.

Je suis très loin de la bonté et de l'amour. La preuve : j'écris sur eux.

Des hirondelles ont fait leur nid dans un rebord du balcon, une boîte rectangulaire, à demi fermée, au-dessus des portes vitrées et de même longueur qu'elles. L'année dernière des abeilles y avaient élu domicile. Je me demandais depuis longtemps à quoi servait ce coffrage. Maintenant je sais. Il sert d'asile aux abeilles, aux hirondelles et aux phrases que je viens d'écrire.

J'oublie aussitôt ce que je viens de faire ou de dire — à condition de le faire et de le dire vraiment, avec un soin entier, une attention sans défaillance. Le présent accompli ne me laisse aucune trace.

Mardi 18 juin

L'angoisse suscite la beauté — comme la question réveille sa réponse. À la source d'un grand poème, d'une belle musique ou d'une architecture sacrée, il y a une angoisse que l'on apaise en lui donnant forme, rythme, mesure.

Toutes nos peurs viennent de l'enfance. La beauté y répond en nous racontant ses histoires. C'est l'ogre qui s'assied au chevet de l'enfant, qui ouvre le livre et commence à lire : « Il était une fois... »

La hache plus que la dentelle. L'art roman plus que l'art gothique. Ce qui tranche, simplifie et rudoie, plus que ce qui dilue, complique et diffère.

Mercredi 19 juin

À nouveau dans la nature, à nouveau dans les bras de la nourrice-lumière que Dieu a mise auprès de nous

Jeudi 20 juin

Ta grande fille m'a offert une cassette où elle a enregistré les chansons qui lui plaisent. Vers la fin de la cassette, des bruits de voix : ta fille quand elle était petite, ton mari et tout d'un coup ta voix unique, revenante. Il faut mettre le son très fort pour bien entendre. Cela va très vite. Tu t'adresses à ta fille et tu lui dis : « Ne monte pas sur la table. » Tu le dis avec une immense douceur, presque une fatigue, mais une fatigue bienveillante, amusée. La première fois que je t'entends, je suis sur une autoroute, la nuit. C'est incroyable la puissance qu'une voix a sur l'âme : tu es morte depuis des mois et ta nonchalance revient dans le noir, la minceur de quelques mots, un héritage drôle et vivant pour tes enfants, ne montez pas sur la table — ils y sont tous montés, l'un après l'autre, et si tes mots les grondaient, ta voix, elle, les portait.

Vendredi 21 juin

Avec les mots je fais des tours et des détours. Toi, à présent, tu es dans le tout droit, rayonnante et silencieuse.

Je n'aime pas le mot « religieux ». Je lui préfère le mot « spirituel ». Est spirituel ce qui, en nous, ne se suffit pas du monde, ne s'accommode d'aucun monde. C'est quand le spirituel s'affadit qu'il devient du « religieux ».

Certaines paroles du Christ en qui je crois me sont insupportables. Je ne peux pas y entrer. Je refuse d'y entrer car je sais qu'alors il me faudrait quitter beaucoup de choses. C'est à ce signe que je reconnais la vérité de ces paroles : à ce qui, en elles, ne me « convient » absolument pas.

Samedi 22 juin

Si je devais remplir un curriculum vitae — ce genre de papier que l'on doit présenter à un futur employeur, comme l'esclave autrefois devait montrer la bonne santé de sa denture —, il y aurait des blancs partout, des absences de plusieurs années comme pour ces gens qui reviennent de prison ou d'un coma. La plupart du temps je ne sais plus où j'étais, et c'est peut-être que je n'y étais pas vraiment.

Dimanche 23 juin

La mort tombe dans la vie comme une pierre dans un étang : d'abord éclaboussures, affolements dans les buissons, battements d'ailes et fuites en tous sens. Ensuite grands cercles sur l'eau, de plus en plus larges. Enfin le calme à nouveau, mais pas du tout le même silence qu'auparavant, un silence, comment dire : assourdissant.

Lundi 24 juin

Auprès de l'enfant, présence pleine. Dans la solitude également, présence pleine. C'est l'intermédiaire qui me manque — une façon réservée d'être avec soi en même temps qu'avec les autres. Il me manque l'usage de cette chose tempérée qu'on appelle le monde. On ne me l'a pas appris au temps où ces choses-là s'apprennent. Dès que je ne peux accéder au cœur de l'autre ou au profond de ma solitude, je m'ennuie, je ne vois rien, je n'entends rien. Le mouvement de ma vie a quelque chose du sautillement drolatique de l'écureuil : je vais par bonds du tout au rien et du rien au tout, escamotant les espaces intermédiaires.

En sautillant ou pas, il serait temps que j'aille chez le fleuriste chercher de nouvelles roses. Celles qui sont là, penchées sur ce carnet, n'ont plus assez de force pour filtrer la lumière, agrandir l'appartement.

Mardi 25 juin

De l'exténuation à la fraîcheur : c'est le vrai sens de mes journées.

Dans un livre policier, soudain, quelques pages inutiles à l'histoire : des considérations amusées sur la peinture des impressionnistes. C'est ce genre de miracles que je cherche dans les livres — les digressions, les zones perdues, les terrains vagues. Si ces pages sur la peinture avaient figuré dans un livre d'art, elles m'auraient moins plu. De même si le roman policier avait tout sacrifié à la poursuite de son histoire. Mais non : au beau milieu du désastre, on s'arrête, on allume une cigarette et on parle de la lumière des cerisiers en fleur.

L'art de la conversation est le plus grand art. Ceux qui aiment briller n'y entendent rien. Parler vraiment, c'est aimer, et aimer vraiment, ce n'est pas briller, c'est brûler.

Mercredi 26 juin

Je n'écris pas un journal mais un roman. Les personnages principaux en sont la lumière, la douleur, un brin d'herbe, la joie et quelques paquets de cigarettes brunes.

Jeudi 27 juin

Il serait temps que je vous offre quelques mots : vous êtes là depuis deux jours et je ne vous ai pas encore saluées. Je commence par vous, les iris. J'aime l'élégance avec laquelle vous accrochez des lambeaux de lumière — comme à la pointe d'une épée. Quant à vous, dans la salle, j'ai oublié votre nom. Une tige puissante et, au sommet, la grâce de petites fleurs violettes. Je ne me souviens plus de ce que la fleuriste m'a confié à votre sujet. Je pense que vous ne serez pas vexées si je me permets de vous appeler des « je-ne-sais-quoi ». Vous auriez tort de vous fâcher : c'est adorable, des je-ne-sais-quoi violets dans la tombée du jour.

Vendredi 28 juin

Tu ne m'es d'aucun secours, d'aucun conseil. Tu es détachée de moi comme de tous ceux que tu as aimés ou simplement connus. Tu es dans cette extrême faiblesse des morts qui ressemble à l'extrême dénuement des nouveau-nés. Quelqu'un là-bas te donne à manger, te prend dans ses bras, assiste à ta croissance dans un monde pur qui, pour notre monde à nous, est inimaginable.

Samedi 29 juin

Fatigués, les iris. Leurs ongles ont rayé la lumière pendant trois jours, maintenant ils sont cassés et la lumière est toujours là, intacte.

Qu'est-ce qui me fait si peur dans l'été ? Ce n'est pas ta mort, puisque cette peur existait avant elle. C'est, je crois, la glorification par elle-même d'une société jeune, vive, aisée, cette sinistre euphorie d'un monde méprisant ses vaincus : l'été, ce n'est pas pour les prisonniers, les malades, les vieillards, les pauvres. Pendant cette saison, ils sont encore moins visibles que pendant le reste de l'année. Ils se taisent et contemplent le bleu d'un ciel qui les oublie.

Une phrase que je pourrais écrire chaque jour : « Je pense à quelque chose, mais je ne sais pas à quoi. »

Lundi 1ᵉʳ juillet

Ta mère ne mange plus. Je l'ai vue il y a trois semaines. Un visage amaigri, usé, simplifié dans ses traits. Toute la clarté s'en était retirée pour se réfugier dans les yeux. Il y avait en elle le calme de ceux qui approchent de leur fin, le devinent et ne s'y opposent plus : ils sont comme des voyageurs épuisés, debout encore pour peu de temps, leur main gauche appuyée sur la frêle paroi de la vie — et ce toucher leur donne connaissance d'une autre chose dont nous ignorons tout Ils sont déjà à l'étranger. Les mots peinent à franchir la ligne entre eux et nous. Demeure la langue élémentaire des yeux, des mains, des présences.

J'écoute le *Voyage d'hiver* de Schubert. Dehors il fait jour et dans ces chants, il fait nuit. Le noir a des vertus consolatrices : par la magie d'une voix qui s'approche du terrible sans se briser, je reçois de cette musique une grande clarté, avec beaucoup de douceur.

Mercredi 3 juillet

Ta grande fille de seize ans joue avec sa petite sœur. Je les regarde rire, parler, ouvrir des chemins dans la forêt pluvieuse des premiers jours d'été.

Notre unique travail est de prendre soin de la vie. Il est mené à bien lorsque ceux que nous aimons peuvent trouver leur nourriture loin de nous, malgré notre absence — et peut-être : grâce à notre absence.

Jeudi 4 juillet

Il y a, pour aller vers toi, ce chemin qui va de la maison de ta mère au cimetière. Une route qui monte, tourne et monte encore. Ensuite une allée. Sur la gauche, comme sortie d'un livre d'images, une école. Un peu plus loin, extraite du même livre, une église. Enfin une courte pente, et le portail blanc du cimetière. Ta tombe est sur la droite. En face, une large étendue d'herbe. Après, plus rien. Le ciel, clair même par temps gris. Je n'emprunte pas souvent cette route qui monte, mais le chemin sur lequel je vais chaque jour me conduit aussi sûrement à toi : goûter cette vie qui m'est donnée, et quand rien ne m'est donné — attendre, simplement attendre comme le fait l'herbe verte en face de ta tombe et comme, peut-être, tu fais aussi.

Vendredi 5 juillet

Un brin de lumière volage dont je ne sais d'où il vient, ni combien de temps il va rester auprès de moi : aujourd'hui je l'appelle « Mozart », demain je l'appellerai « Dieu » et après-demain « enfance ». Chacun de ces noms a sa justesse et aucun n'est suffisant.

> *Sur mon épaule gauche*
> *un oiseau couleur temps*
> *Il se nourrit*
> *des roses joufflues*
> *que me vend la fleuriste*
> *de la rue des Martyrs*

et il essuie son bec
dans les pages de ce livre

Dimanche 7 juillet

Voyons : qu'est-ce qui au juste me met au monde, ou plutôt m'y remet, puisque je suis enclin à le quitter sans arrêt ? Pour aujourd'hui, je peux répondre : un verre de vin blanc (deux, pour être précis, de l'« entre-deux-mers », 1994), la lecture d'un poète suédois (une page, pas plus), une pensée de toi, et dans cette pensée il n'y avait aucun mot, seulement un sourire. C'est à peu près tout. C'est considérable : une seule de ces choses aurait suffi. Mais pourquoi dois-je être remis au monde chaque jour, comme s'il était impossible de naître une fois pour toutes ? Et quel est le point commun entre un verre de bordeaux, le songe d'un poète suédois et un sourire venu du pays des morts ? Pas de réponse — et cela n'a pas d'importance : je n'espère pas vraiment de réponses. Si je les trouvais, je ne saurais pas quoi en faire. Je me contente de vivre avec des énigmes fleuries un peu partout — aujourd'hui dans les vignobles du Bordelais, près des lacs de Suède et dans la grande clairière de l'au-delà.

Cela fait déjà deux fois qu'il me remet en vie. Je pourrais quand même, par courtoisie, citer son nom : Tomas (sans h) Tranströmer. Poète suédois. La notice dit qu'il est psychologue de profession, qu'il vit encore, qu'en 1990 il est devenu aphasique. Parfois un de ses poèmes vient battre des ailes à hauteur de mes yeux, me donne la becquée et puis s'en va, repris par l'obscur d'où il sortait, où il puise sa nourriture — et la mienne par surcroît

Jeudi 11 juillet

Ta mère se meurt, entourée des siens. La petite cuisine et la chambre verte : le monde entier tient désormais pour elle dans ces deux pièces. On la porte de l'une à l'autre. Les médicaments pèsent sur ses paupières. Somnolente, naufragée dans son vieux fauteuil rouge, elle demeure attentive à chaque mot des conversations alentour, reliée à l'océan de la vie par le flux et le reflux des voix aimées.

Vendredi 12 juillet

Dans un café, une télévision ouverte. Le son est coupé. Des images qui s'abattent les unes sur les autres, comme les cartes d'un jeu qui semble pouvoir durer pendant des siècles, jour et nuit. Soudain sur l'écran, un camp de concentration, des juifs à qui des bourreaux coupent la barbe en éclatant de rire. Dans le café, personne ne remarque cette scène, vite chassée par une autre, puis par des publicités. Éclats des voix, tintement des verres : la vie désenchantée poursuit son cours que rien n'arrête. Lorsque l'on me parlera désormais de cette niaiserie d'une « civilisation de l'image », je penserai à ce café, à ces images sacrées — comme sont toutes les figures de la douleur —, perdues dans l'indolence d'un jour d'été, profanées, oui, profanées, souillées d'être aussi aisément disponibles, toile de fond, décor pour un commerce. Ces gens que j'ai entrevus sur l'écran ont vécu, espéré, craint, sué une angoisse pire que la mort. Leurs visages sont à présent dans la fosse commune d'images où vont puiser les industriels de la télévision : tout s'y vaut, tout y est une seconde fois oublié, maltraité, humilié. La création, par l'invention d'une forme close, protège, recueille le réel. L'industrie — et la télévision n'est que cela — détruit, et avec elle grandit, non pas une civilisation, mais bien une barbarie de l'image.

La mort pour en finir plonge sa main dans

notre gorge, racle l'air dans nos poumons et, avec l'air, les atomes d'une joie qui circulait dans le sang même aux heures les plus sombres

Était-ce dû à ton innocence, à ton charme, à ta ruse, à un mélange de ces trois choses, je l'ignore mais j'étais immédiatement réjoui de te voir apparaître, quand bien même, et ce fut parfois le cas, tu amenais avec toi de grandes catastrophes.

Samedi 13 juillet

Pour quinze jours au bord de la mer, loin de chez moi. La mer ramène à l'enfance. Si c'était un livre, ce serait un des Évangiles, peut-être le plus pauvre, celui de Marc. Si c'était une musique, ce serait trois petites notes comme celles qui sortent des jouets que l'on suspend au-dessus des berceaux.

Lundi 15 juillet

Le soleil a décidé pour moi de l'orientation de ces quinze jours : il a brûlé au deuxième degré ma jambe droite. Je ne peux presque plus marcher, la table de nuit est encombrée de médicaments, je ne pourrai plus aller me baigner. C'est assez comique : pour une fois que je sors de ma tanière, aller sur les terres de grande chaleur et ne pouvoir m'y tenir que dans l'ombre. Il y a la gêne physique, l'embarras des pansements, mais il y a surtout un rire caché là-dessous. Je ne sortirai donc qu'aux premières heures de la nuit. Et le jour ? Eh bien le jour j'écrirai. L'encre aussi peut ramener l'enfance, aussi bien que la mer

Mardi 16 juillet

Ta mère a cessé de vivre — du moins de la seule vie que nous ˜onnaissions — à midi.

Mercredi 17 juillet

M'éloigner assez de moi pour qu'enfin quelque chose m'arrive.

Je relis l'histoire de Thérèse d'Avila, écrite par elle-même. Je l'avais lue, il y a quinze ans Dessous la soumission affichée aux prêtres, j'entends les battements d'un cœur libre et même libertaire, tout occupé à jouir de l'extrême de la vie. Cette fille est folle et délinquante — folle par amour, délinquante par amour.

Après la souris, le bœuf ailé et l'écureuil, voilà l'éléphant : ma jambe droite a doublé de volume. Je suis un éléphant qui relit la vie de Thérèse d'Avila. Et elle, c'était quoi ? Une libellule, je dirais. Toute d'envol et de transparence, se faufilant, gracieuse, entre les deux royaumes de la terre et du ciel, indemne, libre. Je suis un éléphant qui lit dans la pénombre le livre d'une libellule. Voilà. Il suffit de savoir qui on est pour que tout aille au mieux — sachant que d'une minute à l'autre on peut changer d'être et d'apparence.

Jeudi 18 juillet

Le contraire absolu de l'amour, c'est la bêtise. La bêtise et son groin impavide, son manque total de conscience de soi. Celui qui loge dans l'arbre creux de la bêtise ne sait même pas qu'il est bête — à l'inverse de la folie : il y a toujours un instant, un éclair, où le fou se connaît comme fou. D'ailleurs il n'a pas besoin de ce savoir puisqu'il triomphe, puisqu'à chaque pas qu'il fait, chaque parole qu'il prononce, l'homme bête triomphe, avance en triomphant, triomphe en avançant. On peut fort bien être bête et instruit. On peut aussi, cela se voit souvent, être bête et malin. Et on est presque toujours, quand on est bête, sentimental : un vide en attire un autre. Mais il y a une chose qui n'est pas possible : être bête et doué d'amour. Ce sont là deux absolus incompatibles, allergiques l'un à l'autre. Entre eux, aucun mélange, aucun lien d'aucune sorte. La guerre, c'est tout. Elle doit exister depuis le début du monde. L'issue en est lointaine, si lointaine qu'elle peut faire désespérer : la bêtise est dans le monde comme chez elle. Aujourd'hui, parmi d'autres occupations, elle fait de la télévision. La bêtise a toujours su flairer les bonnes affaires. La bêtise est très affairée, elle ne s'arrête jamais, elle est dans son fond — à supposer qu'elle ait un fond — industrieuse, militante. Ne plus rien dire ni faire l'épouvante. La bêtise est comme un roc sur lequel les eaux de Dieu viennent battre en vain.

Vendredi 19 juillet

Je retrouve à lire Thérèse d'Avila la même jubilation qu'il y a quinze ans. Bien des mots de ce livre me sont étrangers — pénitence, remords, faute... —, et pourtant tout dans ce

66

texte m'est familier, bienveillant, heureux Ce que transmet un livre, c'est la présence de l'auteur, une vibration ici semblable à celle d'un grand arbre ou d'un feu. Crépitements, murmures, danses. Je devrais prendre des notes. Je n'en prends pas. Pourquoi garder, retenir ? Je fais confiance à la métamorphose de ces pages lues, passées en moi. Devant un grand arbre ou un feu, on ne songe pas à prendre de notes. On apprend en silence et petit à petit — car la leçon est longue et le maître est patient — à devenir un grand arbre — ou au moins une feuille —, à devenir un feu — ou au moins une étincelle.

Dimanche 21 juillet

Une petite chouette découverte au bord de la route menant à la plage, la nuit. Tombée d'un arbre, filée des mains de Dieu ou des ailes de sa mère, perdue. Quand on l'approche, elle essaie de grossir ses yeux d'épingle, pour impression-ner. Ramenée à la maison — il était impossible de savoir de quel arbre elle venait, et sur cette route, il n'y avait pour elle que la mort, celle des chats ou des voitures —, posée sur la table de pin clair, elle n'en bouge plus, ne touche à rien de ce que l'on dispose devant elle, mies de pain, dés de viande, gouttes d'eau. La nuit passe. Au matin on la retrouve près de la porte, terrorisée par la lumière du jour. On la confie à un habitant du village qui s'occupe d'animaux. La maison de cet homme est une arche de Noé, elle y sera bien et pourtant une vague de tristesse vient en repartant — comme si pour quelques heures on s'était trouvé dans un des livres de Dickens où l'on accompagne un orphelin sur les marches d'un pensionnat triste.

« Je n'ai pas besoin de croire en Dieu pour croire en Dieu » : je ne comprends pas cette phrase. Cela fait plusieurs fois qu'elle me traverse, que je la note dans ce carnet pour ensuite la rayer. Aujourd'hui je la laisse. Ce qui cogne à la porte, c'est toujours pour nous offrir quelque chose. Toujours ? Même la mort ? Oui, toujours. Même la mort. Et qu'est-ce qui me fait écrire ça avec autant de certitude ? Je ne sais pas. Je me moque de le savoir. Les plus grandes clartés me viennent souvent ainsi, par leur versant nocturne : c'est qu'il y a sans doute en nous d'autres lumières que celles, non négligeables, des sens et de la raison. Quelle sorte de lumières ? Je ne sais pas. Je le sais sans ie savoir. Quelque chose ou quelqu'un en moi le sait mieux que moi. Ce quelque chose ou ce quelqu'un se tait la plupart du temps. Il vit sa vie et je vis la mienne. Et parfois, comme dans la bizarrerie de cette phrase, « je n'ai pas besoin de croire en Dieu pour croire en Dieu », nous nous rencontrons, nous nous saluons.

Je dors dans le noir, je me réveille dans le noir, je mange dans le noir, je lis dans le noir, je marche dans le noir, je passe ma vie dans le noir et, lorsque dans ce noir je commence à écrire, je ne trouve que la lumière, partout la lumière.

Lundi 22 juillet

L'humilité, c'est la clef d'or. Dès qu'on prétend la tenir dans sa main, elle s'évanouit.

Ce qui depuis un an est à jamais perdu, c'est le son de ta voix dans la maison claire du temps, la bonne nouvelle de ta voix, ta manière personnelle de respirer et de parler, la joie qui venait à tous, absolument à tous, de t'entendre avant même de te voir.

Mardi 23 juillet

Un chien qui rentre dans l'appartement, flaire, rôde, déniche le ballon de plage sous l'escalier puis, par petits mouvements du museau, sort le ballon, le fait rebondir sur sa tête, court après lui dans le couloir, joue plusieurs minutes avec une gaieté vaillante : ce minuscule événement des vacances n'est pas si loin des grands élans de Thérèse d'Avila. C'est avec la même gaieté que la sainte rentre de son vivant dans la lumière, rôde, cherche, découvre l'amour caché sous un silence, le tire jusqu'à elle et joue avec lui sans fin. Le chien et la sainte me donnent même aperçu d'un autre monde où règne une joie brute, inépuisable.

Lundi 29 juillet

La langue des gens du Moyen Âge a la fraîcheur d'une jeune branche de noisetier et la luminosité de la craie blanche. J'aime infiniment la tenue de cette langue, rude et tendre à la fois. J'aime par exemple que l'on n'y parle pas de douleur mais de « doulour » : cela roule dans la bouche comme l'air dans la gorge d'une colombe. Doulour — les fiançailles nocturnes de la douleur et de l'amour. Doulour — la colombe blanche et noire de chaque jour.

Vendredi 9 août

Je viens de passer huit jours dans le village où tu es enterrée. Je ne suis allé sur ta tombe qu'une seule fois, les mains vides. Devant le portail du cimetière, il y avait des petites fleurs jaunes. J'en ai prélevé une pour la mettre sur la pierre, à côté de ta photographie. Le vent l'aura très vite emmenée près de toi : ailleurs — loin, très loin de la lourdeur du marbre et de la terre humide.

C'est avec ma solitude et avec elle seule que je vis. C'est elle seule que j'écoute, elle seule qui me nourrit et me veille. Elle fait barrage entre moi et les autres ? Oui, si l'on veut, elle fait barrage — mais ce barrage est aussi frêle que celui que les enfants inventent sur une rivière, avec une poignée d'herbes et de pierres. Il n'est pas complètement étanche et il n'est pas si difficile à passer — il y faut simplement la manière, celle de l'eau ou des petits enfants.

Samedi 10 août

Je n'écoute plus que Mozart, et c'est plutôt bon signe. Je ne sais rien de plus frais que cette musique, comparable seulement au chuchotement des rivières ou au balbutiement des nouveau-nés. Une telle perfection ne prouve rien et surtout pas, comme on le prétend parfois, l'existence de Dieu. D'ailleurs une existence — fût-ce celle de Dieu — ne se « prouve » pas. Elle s'accueille ou se rejette, et ce n'est pas la même chose ni le même langage. Prouver est un désir de savant ou de policier. Accueillir est un désir d'amoureux. Mozart ne prouve rien, il simplifie. Je ne sais plus où j'avais déniché cette plaisanterie — sans doute dans un livre très grave, le sourire va si bien avec la gravité : quand ils sont devant Dieu, les anges jouent du Bach. Et quand ils sont entre eux, ils jouent du Mozart. Cette histoire est certes un peu injuste pour Bach, mais si on ne peut plus se moquer de ceux que l'on aime, de qui se moquera-t-on ? Donc voilà l'entame de mes journées : café noir, tabac brun, Mozart bleu.

Lundi 12 août

Je suis toujours au bord de découvrir quelque chose d'important et bien sûr je ne le découvre jamais. Quelle « chose » ? Je ne sais pas. Je ne doute pas de son existence et qu'elle bouleverserait la mienne. Cette « chose » est là, au plus près, elle m'accompagne partout, double mes

pensées et n'entre dans aucune. Le « sentiment » que je dis là et que je dis mal, je l'ai
depuis l'enfance. Parfois je pense, comme je
l'ai écrit au début de ces carnets : « J'attends.
J'attendrai toute ma vie. » Parfois aussi, comme
ce matin, je me dis : « Je suis attendu. Je ne sais
pas où, je ne sais pas par quoi ou par qui, mais
je suis certain d'être attendu. »

Petite fille, tu as couru pendant tes quatre
premières années sur la terre maternelle, puis
cette terre s'est ouverte, effondrée d'un seul
coup, et il t'a été donné d'apprendre l'essen-
tiel : que le fond de cette vie terrestre n'est pas
sûr, qu'il est friable, mouvant, instable. C'est
une bonne découverte mais elle est venue pour
toi un peu tôt. Nous avons besoin de nous trom-
per avant d'accéder à la vérité. Nous avons
besoin de croire à l'éternité de ceux qui nous
aiment pour grandir et un jour comprendre,
sans en être détruit, que cette éternité-là est
mensongère, et qu'il nous faut désormais aimer
sans rien attendre de l'amour — hors la joie
présente qu'il donne, avec quoi il se confond.

Mardi 13 août

Dessous, c'est l'abîme. Pour ne pas y glisser, je m'accroche à un brin d'herbe. Depuis quarante-cinq ans je m'y accroche et il tient, miraculeusement il tient.

Le livre est la mère du lecteur.

Jeudi 15 août

La parole de cette femme qui, souffrant de divers maux, séjourne de temps en temps dans des hôpitaux psychiatriques : « Je suis contente, oui au fond je suis très contente d'avoir des difficultés dans ma tête. » Je ne saurais dire ce que j'entends dans une telle phrase, mais elle me frappe par son intelligence et sa gaieté — qualités si rarement rencontrées dans la parole des gens dits « normaux ».

Une situation ordinaire : je veux écrire et n'écris pas. C'est qu'une main de plomb s'est posée sur ma main droite, l'immobilisant pour la journée entière. Si je m'obstine, un deuxième empêchement s'ajoute au premier : l'ennui. L'ennui de faire une chose sans y être. La lourdeur et l'ennui sont la marque des conseillers qui orientent ma vie, les seuls que j'écoute. Peu bavards, ils m'indiquent uniquement là où je dois m'abstenir. Pour le reste, ils se taisent. Leurs raisons me sont impénétrables et je me contente de les suivre. Je les aime bien, mes conseillers paresseux, celui qui alourdit et celui qui ennuie. Je ne fais des choses qu'en leur absence. Dès qu'ils reviennent, j'arrête tout, je m'allonge sur le lit et nous fumons une cigarette — à trois.

Lundi 19 août

Les morts s'éloignent du rivage, nagent au-delà de tout horizon connu. Ils sont dans le grand large mais peut-être les vivants peuvent-ils avoir un avant-goût de cette plénitude-là : l'amour aussi dérive loin des côtes et de tout horizon connu.

La question du petit chaperon rouge au loup : « Oh, comme vous noircissez beaucoup de pages, pourquoi donc écrivez-vous ? » La réponse du loup : « Pour te voir, mon enfant, pour mieux te voir. Ma nourriture est dans cette vue. Et figure-toi : plus je te vois, plus je m'émerveille. » Le chaperon rouge, saisi par la coquetterie : « Mais qu'ai-je donc de si merveilleux ?

Nous sommes des millions de chaperons rouges, de loups et de grand-mères dans le monde. En quoi puis-je être distinguée ? » Le loup : « Mais le seul fait que tu existes est source de noblesse, et cela est également vrai pour les millions de chaperons, de loups et de grand-mères dont tu me parles. La merveille, c'est d'exister. Il n'y en a pas d'autre. Écrire agrandit la vue et, avec elle, la capacité d'être réjoui par la simple apparition du vivant, de chaque vivant. Tu comprends ? — Oui », répondit le petit chaperon rouge qui n'avait rien compris et repartit jouer dans la forêt, cueillir des mûres, chanter un air, dormir au pied d'un arbre, pensant que c'était sa façon à elle d'écrire et que cette façon-là, somme toute, valait bien celle du loup.

Mercredi 21 août

Avec ta grande fille et son ami nous sommes allés déposer sur ta tombe un bouquet de bruyère aussi léger qu'un nuage.

Jeudi 22 août

À nouveau des fleurs dans cette maison. Elles me manquaient. Pour la cuisine j'ai pris des roses un peu trop sombres. On dirait des femmes de la grande bourgeoisie, embaumées dans leur condition. Un maintien crispé, un côté lèvres pincées. Bah. Un rien de temps et elles finiront par s'ouvrir et connaître désordre et gaieté — toutes choses que la grande bourgeoisie ne saura jamais donner. Pour la salle, j'ai pris des fleurs que je n'avais jamais vues : des crêtes-de-coq. Énormes, une tige semblable à celle du céleri, une fleur rouge cardinal, comique. Leurs enfantillages compenseront la sévérité des roses.

Vendredi 23 août

Les grandes bourgeoises dans la cuisine demeurent froides, sans grâce — sauf une qui a pris sa liberté, s'est ouverte sous le regard dédaigneux de ses sœurs, et s'amuse comme une petite folle avec la lumière orageuse qui entre à flots par la fenêtre. Je me demande d'où viennent ces roses, quelle enfance elles ont eue pour être aussi peu souples. Est-ce qu'elles savent qu'elles ne disposent que d'une semaine de vie et qu'elles sont — à part la petite folle — en train de gâcher cette semaine sous prétexte de tenir leur rang ?

Samedi 24 août

La journée n'est pas finie, ce qui ne m'empêche pas de la saisir par le cou, comme une chatte fait avec ses petits, afin de l'interrompre quelques instants pour mieux voir de quoi, jusqu'à ce début de soirée, elle était composée : des visages — cette famille chez l'opticien, la femme choisissait une nouvelle paire de lunettes et son mari, sa sœur et son père, debout à côté d'elle, donnaient leur avis avec une grande jubilation, tout juste s'ils n'applaudissaient pas à chaque essai de lunettes, donnant à ce magasin un peu trop « chic » l'atmosphère d'une baraque de fête foraine. En sortant de là, un vrai bonheur : une tache de lumière qui sautillait sur un escalier dont les marches étaient écaillées. De retour à la maison, des voix fantômes dans le répondeur et les roses, impassibles. Dans ce fragment de jour, il y a eu aussi un livre, acheté pour une seule phrase, dense comme de l'or, découverte à l'intérieur. Je viens de le feuilleter sans rien y trouver d'autre : j'ai donc payé cette phrase cent trente-huit francs. Bon, la journée n'est pas close, je la repose délicatement par terre et je vais la regarder jouer — chaton noir et blanc — jusqu'au milieu de la nuit.

Faire au moins une fois ce qu'on ne fait jamais. Suivre, ne serait-ce qu'un jour, une heure, un autre chemin que celui où le caractère nous a mis.

Je parle beaucoup de mort dans ces carnets, mais je n'ai pas le choix de mes mots et si, me lisant, cela donne envie de goûter un bon vin, de rendre visite à quelqu'un que l'on aime ou d'arriver en retard au travail, eh bien, ce livre aura trouvé sa vraie gaieté.

Lundi 26 août

Mon silence dont parfois se plaignent ceux que j'aime n'est pas tourné vers eux, mais vers moi. Je suis le premier à me demander pourquoi je me tais si longtemps. Je n'ai pas de réponse. Je sais seulement que si l'on interrompt ce silence avant qu'il se soit naturellement accompli, je me sens malheureux, inachevé. J'aurais fait un très bon prince au bois dormant — même si un sommeil de cent ans me paraît encore bien court.

Depuis le jour de ta mort, j'ai une pièce en plus dans mon appartement. Elle n'est pas très grande. Aujourd'hui je viens d'y entendre des bruits, un grognement. Je ne suis jamais entré dans cette pièce. Je n'y entrerai jamais. Il me semble que si j'en poussais la porte, ce qui est à l'intérieur me sauterait à la gorge, d'un seul bond. Je parle, je ris et j'écris dans la pièce à côté. Cette situation n'est pas invraisemblable. Elle est même ordinaire : chacun a dans sa maison une telle pièce interdite. Ce qu'il faudrait, c'est ouvrir la porte une bonne fois, et regarder. Ce qu'on imagine être un tigre affamé n'est parfois qu'un petit chat lapant son lait Mais comment savoir devant la porte close ?

Mardi 27 août

Rien, sinon la pluie — mais la pluie, ce n'est pas rien, elle éloigne le ciel comme on repousse un meuble pour faire le ménage, elle chante en nettoyant les vitres, les visages et les pensées, elle prépare la venue de quelqu'un qui arrivera juste après elle, quelqu'un qui aime ce qui brille et sent le neuf — une fée ou le Christ enfant.

Il y a des mouvements — des accents, des surprises — dans la musique de Mozart qui me font éclater de rire, littéralement éclater de rire comme devant une pirouette, un pied de nez, un mot d'enfant.

C'est l'imprévu que j'espère, et lui seul. Partout, toujours. Dans les plis d'une conversation, dans le gué d'un livre, dans les subtilités d'un ciel. Je le guette autant que je l'espère. Ce à quoi je ne m'attends pas, c'est cela que j'attends.

Une lecture des Évangiles, pour peu qu'elle ait en elle assez de lenteur, réveille dans ces paroles préoccupées du ciel une louange du corps et de la vie fragile — le clapotis des eaux du lac de Tibériade, les poissons que l'on cuit, le pain que l'on sort des corbeilles, le vin qui danse au fond des coupes, et dans saint Luc, cette merveille, une phrase qui fait voir et entendre : « Ils arrachaient et mangeaient des épis en les froissant dans leurs mains. »

Les morts sont des enfants qui ont reçu, pendant une nuit d'orage, le don d'une vie sans tutelle.

Il y a des instants où j'aime chacun de ceux qui ont part à ma vie, même ceux dont les désirs me sont étrangers ou hostiles. L'envie me vient alors de prendre le téléphone, d'appeler les uns et les autres, sans exception, et de leur dire : « Je t'aime dans ton entièreté, dans tout ce qui en toi ne me ressemble pas, je t'aime tel que tu vas, vivant, vivante. » Et si je ne le fais pas, c'est uniquement par crainte de finir à l'hôpital psychiatrique totalement fou et totalement radieux.

Jeudi 29 août

Ta petite fille revient de Crète. Son père lui a raconté l'histoire du Minotaure. Elle veut y jouer. Je suis Ariane et le Minotaure, ce sera lui, me dit-elle, désignant un ours en peluche au museau décoloré. Plusieurs heures dans un parc, je regarde Ariane la brave, cinq ans et demi, aller et venir dans les buissons, un fil de plastique orange à la main pour ne pas se perdre. Des promeneurs passent près de nous, souriant devant un Minotaure à l'allure faussement débonnaire. Les absents et les présents, les imaginaires et les réels, tous entrent dans le jeu, répondent à l'appel de la voix claire. Phèdre est là, me dit-elle, montrant un espace vide à côté d'elle, une trouée d'air et de soleil, et juste derrière il y a ma mère. Dans cette parole qu'elle prononce, il y a une seconde où je te vois, où je te vois réellement sans m'en étonner : c'est la parole qui donne à voir, ce ne sont pas les yeux, ce ne sont jamais les yeux.

Vendredi 30 août

Ce n'est pas un journal que je tiens, c'est un feu que j'allume dans le noir. Ce n'est pas un feu que j'allume dans le noir, c'est un animal que je nourris. Ce n'est pas un animal que je nourris, c'est le sang que j'écoute a mes tempes, comme il bat — un volet ensauvagé contre le mur d'une petite maison.

Les morts, comme les vivants, autant que les vivants, travaillent à se séparer de la mort.

Dimanche 1ᵉʳ septembre

Belle lumière aujourd'hui, le ciel fait des efforts

Un après-midi en famille. La famille, souvent, sert aux individus pour ne pas exister. Souvent, pas toujours. La merveille, c'est de découvrir les personnes avec leur solitude qui se détache sur le fond familial, comme jadis les personnages peints sur fond d'or. Ma mère toujours coquette, refusant d'être photographiée. Ma sœur soudainement rajeunie. Mon père jouant avec un chat noir. La maison traversée de lumières, un bateau dont chaque passager ne possédera jamais vraiment la langue des autres, même si la traversée est longue et si, pendant les vingt premières années, tous les repas étaient pris en commun.

Mardi 3 septembre

Lenteur, parfaite lectrice.

La mort est dans la précipitation comme chez elle. La lenteur, en revanche, la surprend, la déconcerte. L'homme pressé et l'homme lent mourront tous les deux, oui, mais l'homme lent aura à cet instant parcouru une bien plus grande distance que l'homme pressé.

Faire sans cesse l'effort de penser à qui est devant toi, lui porter une attention réelle, soutenue, ne pas oublier une seconde que celui ou celle avec qui tu parles vient d'ailleurs, que ses goûts, ses pensées et ses gestes ont été façonnés par une longue histoire, peuplée de beaucoup de choses et d'autres gens que tu ne connaîtras jamais. Te rappeler sans arrêt que celui ou celle que tu regardes ne te doit rien, n'est pas une partie de ton monde, il n'y a personne dans ton monde, pas même toi. Cet exercice mental — qui mobilise la pensée et aussi l'imagination — est un peu austère, mais il te conduit à la plus grande jouissance qui soit : aimer celui ou celle qui est devant toi, l'aimer d'être ce qu'il est, une énigme — et non pas d'être ce que tu crois, ce que tu crains, ce que tu espères, ce que tu attends, ce que tu cherches, ce que tu veux.

Mercredi 4 septembre

Il fait froid et les radiateurs ne marchent pas. Il sort d'eux que je viens de rouvrir un bruit d'eau murmurante, une fine chanson de pluie, agréable pour qui est à l'abri sous un toit, entre quatre murs. Je mets de temps en temps la main sur les radiateurs, ils restent froids mais leur chanson me réchauffe. Je suis assis à mon bureau, un bureau à l'ancienne, fermé d'un côté, les jambes et les pieds sont dans une niche d'ombre. C'est un bureau de professeur. Mon père l'a sauvé du naufrage de l'école privée où il enseignait le dessin technique. Dans cette école financée par l'usine, on apprenait aux enfants ce qui leur servirait pour travailler dans l'usine, rien de plus et rien de moins. L'usine était puissante, très puissante, un géant dont la respiration se faisait entendre dans toute la ville. Des milliers d'ouvriers s'activaient dans les poumons du géant, transformant l'air en canons et en locomotives. Dans les années soixante du vingtième siècle, le géant est tombé malade, il a minci. Il est entré en agonie dans les années quatre-vingt, et des milliers d'ouvriers se sont retrouvés suffoquant dans son ventre, prisonniers d'un mourant. Aujourd'hui le géant ne fait presque plus de bruit, il est sous assistance respiratoire. Je vis comme tous les gens de cette ville à l'intérieur du géant, dans une partie de son corps, à l'extrémité d'un de ses doigts, puisque mon appartement est à une des extrémités de la ville. Et j'écris. Et je suis incapable de prendre au sérieux cette activité qui est, depuis six ans, la seule dans ma vie et qui me donne bien assez d'argent pour vivre et dormir d'un vrai sommeil, profond. Hier je suis allé payer mes impôts. Devant moi, il y avait un homme qui était au chômage. J'allais donner de mon argent, et ce que j'allais en donner n'enlèverait rien de mon sommeil. Lui, à peu près du même âge que le mien, venait demander que l'on ne

86

lui prenne pas le peu qui lui restait. Pourquoi y a-t-il une si grande différence entre les gens, entre les sorts qui leur sont faits ? Je ne me désole pas de voir mes livres m'apporter pain et sommeil. Ce qu'on me donne, je le prends. Mais j'ai pensé en voyant cet homme que je ne supportais pas les écrivains quand ils parlent avec des mines de martyrs de la souffrance d'écrire, de la difficulté de leur travail. Un travail, c'est ce qui peut un jour vous être enlevé. Je connais des écrivains pauvres, je n'en connais aucun qui soit au chômage : privé d'écrire — et donc de joie, car il ne faut pas se raconter d'histoires : c'est une joie pure que celle d'écrire, et tout autre discours là-dessus est répugnant. J'ai quarante-cinq ans, le passage d'une jeune femme dans ma vie m'a ébloui, renversé ou plutôt mis d'aplomb, un passage tout en splendeur et finesse, comme le vent quand il heurte les pétales d'une rose. Aujourd'hui le vent ne passe plus, le vent est sous la terre depuis treize mois et mon cœur continue à fleurir. Dans mon sang, les mêmes roses, enfin pas tout à fait les mêmes, elles sont d'un rouge plus enfoncé, plus affirmé, je ne dis pas : d'un rouge plus noir. J'ai quarante-cinq ans et j'ai envie de vivre et parfois cette envie pâlit et s'éloigne un peu, mais si trois fois rien me tue, moins que rien me ressuscite, et l'envie pleine de vivre m'est revenue ce matin par le chant des radiateurs froids, simplement par ça, alors je crois que je ne serai jamais perdu, même quand je le serai à nouveau. Ceci est mon autoportrait du mercredi 4 septembre 1996, demain il aura changé et peut-être déjà ce soir. Je l'ai écrit pour que vous écriviez le vôtre à votre façon, en le datant et en le donnant ensuite à quelqu'un que vous aimez. Ceux qui nous entourent parfois s'endorment. Ceux qui traversent nos vies le font en aveugles, sans toujours bien savoir qui nous sommes et où nous sommes. Il est bon de le leur dire. Je vous le dis pour aujourd'hui, mercredi 4 septembre 1996, à onze heures vingt minutes, matin, dans l'appartement froid et chantant.

Jeudi 5 septembre

Aujourd'hui j'ai cru te voir. Tu marchais sur un trottoir, devant un immeuble près du mien. Même silhouette, même franchise de l'allure, même allégresse du pas. Cela a duré quelques secondes, puis ton fantôme s'est évaporé, laissant la place à une jeune femme qui ne te ressemblait en rien, à part peut-être la coupe de cheveux. Cette inconnue ne saura jamais avec quelle violence elle est passée dans mes yeux, ressuscitant une seconde l'espérance de te voir, pour l'anéantir à la seconde suivante. J'ai pourtant regardé cette passante avec gratitude. Quand on s'est croisés, je lui ai souri, la remerciant secrètement de t'avoir une seconde cédé sa place de vivante. Ensuite mon cœur s'est à nouveau tourné vers l'invisible — là ou la place de chacun est entière et où il n'est plus nécessaire que quelqu'un s'efface pour que quelqu'un d'autre apparaisse.

Vendredi 6 septembre

C'est du tout petit, ce que je fais. C'est de l'ordre du minuscule, de l'infinitésimal. À la question : que faites-vous dans la vie, voilà ce que j'aimerais répondre, voilà ce que je n'ose pas répondre : je fais du tout petit, je témoigne pour un brin d'herbe. Le monde tel qu'il va, mal, je le connais et je le subis comme vous, un peu moins que vous, peut-être : dessous un brin d'herbe, on est protégé de beaucoup de choses. Ces choses, je ne les ignore pas. Mais ce n est pas d'elles que je veux parler. Ce n'est pas ma place, ce n'est pas la place où le hasard m'a mis. Le désastre, je le vois. Comment ne pas le voir ? Le désastre a déjà eu lieu lorsque je commence à écrire. Je prends des notes sur ce qui a résisté et c'est forcément du tout petit, et c'est incomparablement grand, puisque cela a résisté, puisque l'éclat du jour, un mot d'enfant ou un brin d'herbe ont triomphé du pire. Je parle au nom de ces choses toutes petites. J'essaie de les entendre. Je ne rêve pas d'un monde pacifié. Un tel monde serait mort. J'aime la lutte et l'affrontement comme j'aime la vie, du même amour. Je ne cherche pas la paix mais la joie, et je crois que pour cela il vaut mieux chercher partout, sans méthode, et de préférence du côté de la vie ordinaire, minuscule. Ce matin j'ai ramené à la maison des roses d'une simplicité absolue. Elles n'ont aucune fantaisie. Elles sont d'une couleur rose, bêtement. Il n'y a rien à en dire, juste écrire sur elles, ou mieux, avec elles. Voilà ce que je suis, voilà ce que je fais : je veille des roses et un brin d'herbe. J'écris dans l'élémentaire pour dire cette chose élémentaire : le monde est perdu et la vie est intacte. Je transmets l'invitation du brin d'herbe dans sa gloire préservée : tout reprendre au début, au pied de la lumière, à l'ombre des roses roses. Et comme dit le camarade Rimbaud : « Parez-vous, dansez, riez. Je ne pourrai jamais envoyer l'Amour par la fenêtre. » Ni l'Amour ni le brin d'herbe.

J'ai surpris mon père, au seuil de son immeuble, une cigarette à la main, regardant des garages vides. Sa vie depuis quelques mois n'est pas facile : pertes de mémoire, lassitude, fatigue. Du coup, la vie de ma mère en est alourdie, déchirée. Les médecins parlent à ma mère, à voix basse. Ils mettent un nom et des médicaments sur la stupeur qui parfois saisit mon père. Les médecins ne supportent pas d'être pris en défaut. Ils jettent des noms sur tout, sur ce qu'ils savent et sur ce qu'ils ne savent pas. Les noms rassurent les médecins autant que les malades. Ce que j'ai surpris sur le visage de mon père ne tenait pas à la vieillesse ni à la maladie. C'était une chose légère, une qualité d'absence et de calme. J'ai quarante ans de moins que lui et je fréquente la même école buissonnière. Écrire me donne une paix semblable à celle qui baignait le visage du vieil homme qui, cet après-midi, une cigarette à la main, se tenait debout au bord du monde, regardant sa vie passer au loin sans la reconnaître, jusqu'à cette brûlure de la cigarette au doigt qui ferait tout revenir : la conscience de soi, avec la douleur.

Lundi 9 septembre

Je suis parti tôt le matin, revenu dans la nuit, j'ai poussé la porte et les roses m'ont fait la fête. La fatigue se lisait sur leurs pétales. Je leur ai donné un peu d'eau puis j'ai écouté une sonate de Mozart, et c'était au fond la même chose, la même fraîcheur versée, reçue.

Mardi 10 septembre

Je viens de changer le message sur le répondeur : quelques galets de mots trouvés dans la rivière d'un poème, choisis pour leur éclat et leur rondeur. Tout sauf un « message ». Le répondeur est ce qu'on a inventé de mieux pour résister au téléphone. Les techniques modernes pour relier les individus les uns aux autres visent toutes à une seule chose : réduire à l'extrême le délai entre un désir et sa réalisation. C'est une manière angélique de nier l'épaisseur et la lourdeur du temps. Mais l'amour qui est envol a besoin de cette épaisseur et de cette lourdeur. Il prend son essor en s'appuyant sur eux. C'est pour préserver ce temps que je laisse le téléphone sonner et le répondeur réciter ses poèmes.

La drôlerie de cet homme au bowling. Il doit bien avoir cinquante ans, un corps usé, des mains d'ours et dans ses yeux la naïveté d'un petit garçon à sa première kermesse. C'est d'ailleurs la première fois qu'il vient dans cet endroit. Il se met au jeu comme on entre dans un travail nouveau, avec grand sérieux. Son visage est concentré, il se recule au bord de la piste, ramasse ses forces et se rue avec sa boule, le plancher résonne du bruit de ses pas, on a presque peur pour lui, il lâche la boule au dernier moment, manque à chaque fois de s'effondrer, la boule tombe comme la foudre sur la piste, au bout de deux mètres elle va dans la rainure, hors jeu, les quilles, là-bas, au loin, ne tremblent pas, aucun risque pour elles. L'homme note ses résultats sur une fiche, un zéro après l'autre. Il rit de sa maladresse, de sa joie d'être là, d'accumuler tant de mauvais points, et il recommence : l'élan, la course du diable, le déséquilibre, le bruit du tonnerre et les quilles immobiles. Il rit de plus en plus, prince des mauvais élèves, roi de la foudre, et sa gaieté me suit longtemps après dans la soirée : le paradis doit ressembler à cette scène de la vie frivole. Le paradis doit être fait de ce mélange-là, exactement : une joie et une maladresse enfantines, avec, dans les lointains, les vérités éternelles comme des quilles sereines, inébranlables.

Lundi 16 septembre

Finalement je n'aime pas la sagesse. Elle imite trop la mort. Je préfère la folie — pas celle que l'on subit, mais celle avec laquelle on danse.

Mardi 17 septembre

Hier après-midi, je suis tombé amoureux d'un arbre. Il passe ses jours au bord d'une route départementale, à une dizaine de kilomètres d'ici. Son feuillage surplombe une partie de la route. En traversant l'ombre qu'il donne, j'ai levé la tête, regardé ses branches comme à l'entrée d'une église les yeux se portent d'instinct vers la voûte. Son ombre était plus chaude que celle des églises. Une des plus fines expériences de la vie est de cheminer avec quelqu'un dans la nature, parlant de tout et de rien. La conversation retient les promeneurs auprès d'eux-mêmes, et parfois quelque chose du paysage impose le silence, impose sans contraindre.

L'apparition de cet arbre a fait surgir en moi un silence de toute beauté. Pendant quelques instants je n'avais plus rien à penser, à dire, à écrire et même, oui, plus rien à vivre. J'étais soulevé à quelques mètres au-dessus du sol, porté comme un enfant dans des bras vert sombre, éclaircis par les taches de rousseur du soleil. Cela a duré quelques secondes et ces secondes ont été longues, si longues qu'un jour après elles durent encore. Je ne retournerai pas voir cet arbre — ou bien dans longtemps. Ce qui a eu lieu hier m'a comblé. Il me semblerait vain d'en vouloir la répétition. Vain et inutile : en une poignée de secondes, cet arbre m'a donné assez de joie pour les vingt années à venir — au moins.

Mercredi 18 septembre

Vous m'invitez à parler de mes livres. Cette demande, bien sûr, est bienveillante. Mais j'ai appris à mes dépens — ce qui est la plus fraîche manière d'apprendre — que certaines manières de nous aimer ne savent que nous nuire. Voici comme je vous entends : « Venez affaiblir vos livres en en bavardant avec nous. » Et voici comme je vous réponds : le cerisier propose ses fruits à l'herbe drue et aux moineaux gourmands. Ses cerises parfois voyagent et dansent sur les marchés, mais lui s'entête dans sa solitude venteuse. Sous sa casquette de fleurs blanches, il pense aux rougeurs à venir et ne s'imagine pas sur les chemins, rendant compte de son travail.

À la première occasion tu es sortie par la fenêtre, comme une enfant qu'un chant lointain attire dans le jardin. Tu as fait si vite que tu as oublié ton corps devenu incroyablement lourd. Dans ce lieu de bonheur que tu appelais Saint-Endroit, il y a un jardin immense — du moins aux yeux d'une petite fille. Il est possible que tu y sois encore, captive d'un songe. Tu n'entends pas lorsqu'on t'appelle ? Tu ne crains plus l'automne humide et sombre ?

Je pense souvent à ce poème d'Apollinaire qui s'appelle *La porte*. S'y fait entendre la voix d'un jeune homme à qui l'on vient de signifier la fin de l'enfance et l'amertume d'avoir à *gagner sa vie*. Dieu et ses fous sont partis, ne restent plus que les économistes et leurs registres gris. La parole qui suit cette découverte est longue, belle et douce : c'est souvent un secret délice que de se plaindre. Ce qui a inscrit ce poème en moi, c'est le dernier vers. Il est seul, séparé des autres par un peu de blanc répandu sur la page. C'est la voix de la mère, sa réponse à l'enfant qui préférerait ne pas vivre, ne rien connaître du réel et de la perte :

Enfant je t'ai donné ce que j'avais travaille

Vendredi 20 septembre

Ce que je connais, je ne l'écris pas. Ce que je ne connais pas, je l'écris.

Un voyage de trois heures aux côtés de ta grande fille. Sa parole est drôle, profonde, rude, généreuse. La parole, c'est le cœur. Le cœur de ta grande fille est un rosier sauvage à la vibration blanche.

Samedi 21 septembre

Ce que je trouve est mille fois plus beau que ce que je cherche.

Cinq roses déclinantes, alanguies, dans un vase de terre cuite. Cinq moines centenaires, bégayant leurs prières, s'enrhumant à matines.

Il peut sembler étrange de faire entrer, chaque semaine, deux bouquets de fleurs dans un endroit où l'on vit seul. C'est pourtant un geste dont je ne peux plus me passer. Ce geste est en partie tourné vers toi. Il est apparu dans la foulée de ta mort, et c'est peut-être une façon d'ouvrir dans le noir une quinzaine de fenêtres, autant que de fleurs, par où du clair arrive. Mais ta mort n'est pas seule cause de cette floraison persistante. Lorsque, de retour du fleuriste, je passe le seuil de l'appartement, j'ai l'heureuse certitude d'apporter à manger aux invisibles qui m'entourent. Ces invisibles ne sont pas des morts et ne sont pas des vivants. Ils ont besoin, pour se nourrir, de mon silence, de ma solitude — et de deux bouquets de roses fraîches par semaine. Je ne connais pas leurs noms. Je ne sais d'où ils viennent. Je sais seulement qu'ils ont toujours été là, que ma vie leur doit ses joies les plus fines, et que quelques grammes de pétales roses ou mauves ne sont pas de trop pour les aider dans ce dur travail d'accompagnement.

Ce matin, j'étais dans ma voiture. Au bout d'une centaine de mètres, j'éprouvais une gêne à regarder dans le rétroviseur : il me donnait surtout à voir le siège arrière. Instinctivement je l'ai remis dans une autre position, et ce geste m'a rappelé pourquoi, hier, je l'avais ainsi orienté : je t'emmenais en promenade, petite fille. Je t'avais assise dans le siège pour enfant. Pour continuer à te couver des yeux tout en surveillant la route, j'avais incliné le rétroviseur de cette façon. Le lendemain, alors que tu étais à l'école, il a suffi du léger déplacement d'un miroir pour que tu reviennes t'asseoir un instant à l'arrière de ma voiture, invisible et riante. Certains gestes ordinaires de la vie ordinaire font ainsi parfois plus que leur travail, dépassent l'utilitaire et réveillent une fée.

Tant que tu crois à la toute-puissance de l'amour, tu ne crois qu'à la puissance et à rien d'autre. C'est vrai que l'amour est invincible. Mais il ne l'est que dans l'exacte mesure où il est sans puissance aucune devant ce qui le tue.

Lundi 30 septembre

Je n'ai absolument rien fait de cette journée
— qu'ouvrir au matin les fenêtres de la cuisine
et de la chambre, laisser les nuages entrer dans
l'appartement, frotter leur silence au silence
régnant dans ces pièces. Oui, voilà ce que j'ai
fait de ma journée, j'ai ouvert mes fenêtres sur
le jour, rien d'autre, et dans ce rien beaucoup
de choses se préparaient dont je saurai plus tard
le nom, beaucoup plus tard. Au soir, parce que
les nuages avaient repris leur errance et que le
froid s'invitait sans façon, j'ai refermé les
fenêtres. Il était huit heures. De la cuisine, j'ai
vu un moineau se poser sur un sapin. La
branche a tremblé sous la maladresse de son
atterrissage. Dans ce mouvement communiqué
à l'immense par presque rien, j'ai reconnu
l'image de ma journée et je me suis découvert
heureux, comblé.

Mardi 1ᵉʳ octobre

Le vent ce matin pique sa crise, arrache des
feuilles aux arbres, comme on sort brutalement
des condamnés de leur cellule pour les pousser
vers une mort fauve, et la grâce de ce petit
matin d'exécution, c'est que les feuilles, avant

100

de rejoindre leur ombre sur la terre, chahutent jusqu'à l'ultime seconde.

Toutes les vies me semblent plus réelles que la mienne.

Ta mort me défait avant de me recomposer autrement. C'est aussi exténuant qu'un amour et c'en est un, mais intouchable par trop de pureté.

Un livre, un vrai livre, ce n'est pas quelqu'un qui nous parle, c'est quelqu'un qui nous entend, qui sait nous entendre.

Mercredi 2 octobre

Je lis les livres de poésie comme les femmes fouillent dans les boîtes où sont empilés des tissus, à l'époque des soldes : je prends un poème, je le quitte, je regarde celui qui le suit, je saute des pages, je reviens sur ma première lecture, j'hésite, je réfléchis, je ne réfléchis plus et j'emporte une image, heureux pour la journée, certain d'avoir fait une bonne affaire.

Dimanche 6 octobre

Pour trois jours, analphabète : rien de tel qu'un souci pour rendre le monde illisible. Le souci est une manière de porter à soi une attention si bruyante que l'on finit très vite par ne plus rien entendre — ni soi ni les autres. Une mort à même la vie. Après ma mort j'ai ouvert les yeux. La première chose que j'ai vue était à un mètre de moi, sur la droite : sept roses dans un vase transparent, sept présences si drôles que j'ai regretté d'avoir passé trois jours aussi loin d'elles.

Lundi 7 octobre

Il y a une littérature qui est somptueuse, surchargée d'or et d'estime de soi. Elle tient l'écriture pour plus grande que la vie. Elle ne sait rien de plus noble qu'une belle phrase. Elle a sans aucun doute engendré des chefs-d'œuvre, et elle m'indiffère. C'est une autre littérature dont j'ai faim. Elle est aussi ancienne que la première. Elle ne suppose pas moins de travail mais elle ne cherche pas la même chose. Ou plutôt : il y a une écriture qui cherche, ne trouve que par accident ou par grâce, et continue à chercher. Et il y a une écriture qui tourne devant

son miroir, une mariée qui essaie sa robe.
Celle-là ne cherche rien. Elle n'a rien à chercher, ayant depuis toujours trouvé qui épouser :
elle-même. Sa beauté ne m'impressionne pas. Je
n'admire pas une œuvre parce qu'on me dit de
l'admirer, mais pour la puissance d'amour qui
vibre en elle. Ce que j'entends ici par amour
n'est rien de sentimental. L'amour qui est seul
réel est d'une dureté incroyable. C'est le mot :
incroyable. Le poète Henri Pichette dit que l'on
ne devrait jamais écrire une seule phrase que
l'on ne puisse chuchoter à l'oreille d'un agoni-
sant. Eh bien c'est exactement ça. L'écriture
que j'aime, c'est exactement ça. Et nous
sommes tous des agonisants, n'est-ce pas ? Où
me mènent de telles réflexions ? À rien, à rien.
Ce n'est pas grave · une petite poussée de fièvre.
Ce que je dis là, je peux le dire autrement : il y a
une parole des princes et il y a une parole des
gueux. Celle des princes est comme une
chambre où il n'y aurait rien et où en même
temps tout serait plein, rempli à ras bords. C'est
une parole qui est sourde de se suffire à elle-
même. Celle des gueux, au contraire, contient
en elle assez de vide — d'espace, de silence —
pour que le premier venu s'y faufile et y
découvre son bien. C'est une parole qui laisse
en elle une place à l'autre, qui rend possible la
venue d'autre chose qu'elle-même. Vous savez :

103

la vieille tradition de disposer sur la table une assiette en plus pour un visiteur imprévu, étranger. Ce sont ces paroles-là que j'aime. C'est à ces tables que je mange le mieux.

Mardi 8 octobre

Ce livre est le premier que j'écris sans toi. Dans *La plus que vive*, je continuais sur la lancée de nos promenades. Je marchais et te parlais comme si tu t'étais arrêtée un instant sur la route, éblouie par une fleur dans un fossé. Depuis je me suis retourné et n'ai vu qu'une route vide, longue et vide. Quand, dans ces carnets, je m'adresse à toi, je ne sais plus à qui je parle, plus du tout. Je crois à la résurrection des corps et des âmes. Cette croyance est en moi comme l'air dans les poumons. Contrairement à ce qu'on pourrait imaginer, elle n'aide en rien. Pas d'idée de retrouvailles, aucune consolation de ce genre. Ce qui est au-delà de cette vie est au-delà du langage et donc au-delà de la pensée. Je ne pense rien. Je respire, voilà tout. Lorsque je m'adresse à toi je m'adresse à la part d'amour, de gaieté et d'insolence que tu portais dans le temps de ta vie, que tu ne peux plus porter et que je continue de voir partout. La messagère est partie. La lettre qu'elle tenait dans ses mains est tombée dans les ronces. On peut la lire encore. L'encre n'a pas vieilli, le papier n'est pas corrompu. Le message est toujours le même.

Mercredi 9 octobre

Ce très vieil homme assis à une table près de la porte, à la poste. Il compte lentement les billets de cent francs qu'il vient de recevoir Des billets neufs, craquants. Appliqué, calme, absent au monde, il compte deux fois de suite. Il y a quelque chose d'apaisant dans cette vue. Peut-être le tremblement maîtrisé des mains, peut-être la lumière sèche du visage, peut-être autre chose encore. Je le regarde et je pense au bruit que fait la vie dans un cœur âgé, quand elle compte et recompte les jours qui restent — le même bruit sans doute que celui de billets neufs, craquants.

Vendredi 11 octobre

Leur tête-à-tête avec la lumière a épuisé les roses. J'ai rassemblé les deux bouquets, coupé les tiges, installé ce petit monde à la cuisine, dans un vase-maison-de-retraite. Du mimosa a pris leur place sur le bureau, poussins solaires, chatons dorés, Pâques au milieu de l'automne.

Voici exactement comment je vis : en oblique — les épaules légèrement tournées dans un mouvement d'esquive.

Veux-tu savoir ce que je fais de mes journées, toi qui, patientant sous quelques mètres cubes de terre, n'accroches plus ton cœur à la girouette des soleils et des lunes ? C'est très simple : j'apprends à aimer les vivants comme je t'aime aujourd'hui, d'un amour calme et blessé, délivré du chaos des demandes.

Lundi 14 octobre

Ta mort me donne beaucoup de travail. Ce livre en est le signe le plus apparent. Ce n'est pas tant un journal qu'un chantier semblable à ceux que des bûcherons ouvrent dans une forêt. Coupes sombres, coupes claires, brindilles, branches et troncs partout répandus, feux allumés ici ou là — et peu à peu, lentement, le vrai nom, le nom du travail accompli : clairière.

Mercredi 16 octobre

Je trouve mon bien partout, pas une seule rencontre qui ne m'apporte infiniment — à cette seule condition que je ne m'éprouve en rien supérieur à qui me fait face, fût-il imbécile ou barbare. Ce n'est pas que j'aime « tout le monde ». C'est le contraire : j'aime « chacun » d'un amour souvent rude, guerrier par nécessité.

Lundi 21 octobre

Ciel bleu pâle avec des restes de gris, arbres roux, lumières à foison, léger vent doux : tu es morte donc tu ne vois plus ces choses. Qui sait, tu vois peut-être mille fois plus clair, mais cette beauté imparfaite, t'en voilà privée à jamais. C'est elle que j'ai envie d'écrire, pour te la donner ainsi qu'aux vivants, aux souffrants — ce sont les mêmes. Le monde est terrible, ces temps-ci. Beaucoup y trouvent juste de quoi survivre et il faudra bien qu'un jour les puissants payent pour ce qu'ils font aux faibles. Une vengeance ? Non, surtout pas de vengeance. Plutôt la joie convalescente d'une vie où plus personne ne sera considéré en fonction de sa place dans la société. Regard devant regard. Parole devant parole. Et c'est tout. Et rien d'autre. Et comme les puissants ne lâcheront jamais rien, il faudra le leur prendre. Leur prendre quoi, leur argent ? Non, l'argent signe leur maladie, l'argent est leur maladie. Il faudra leur arracher ce dont ils sont le plus avares : un regard délivré de tout mépris. Un regard humain, simplement. Ce « simplement » est complexe. C'est à cela que je pense aujourd'hui devant la page où je m'apprête à noter de petites choses — un ciel bleu pâle avec des restes de gris, des arbres roux, des lumières à foison, un léger vent doux. Mais les petites choses ne sont peut-être pas si petites. Cela se voit en peinture : une nature morte — des fruits sur une table — vibre parfois du bruit du monde alentour, elle entre en lutte avec cette rumeur infernale pour imposer sa note pure. Ses armes, ce sont des fruits peints et une table peinte. La beauté est une manière de résister au monde, de tenir devant lui et d'opposer à sa fureur une patience active. Mes fruits et ma table, ce sont les mots. J'ai besoin pour écrire d'un paquet de cigarettes, d'une tasse de café et de la plus grande solitude possible. Les roses achetées ce matin m'apportent une aide supplémentaire : leur blancheur nacrée résonne avec la blancheur ivoire du papier, appelle le noir du stylo-feutre. Peut-être aujourd'hui écrirai-je une page. Peut-être viendrai-je à bout de ce livre dans six mois. Et après ? Je n'ai pas souci de cet après. Parfois j'ai des projets et parfois je n'en ai plus aucun. C'est ce dernier état que je préfère. C'est en lui que je ris le mieux. Je te donne ce rire, à toi qui es morte. J'y ajoute la beauté imparfaite de ce jour : ciel bleu pâle avec des restes de gris, arbres roux, lumières à foison, léger vent doux.

Mardi 22 octobre

Il était entré dans un travail d'ombre. La mort immense s'engouffrait dans son corps de deux centimètres pour le déchirer. Ses ailes trem-blaient, battaient contre le béton rugueux de la terrasse. Les papillons de nuit, quand le jour les surprend, ressemblent à des noceurs tristes, des joueurs au retour du casino, des êtres après la fin du monde, après la fin de leur monde. En rampant et vibrant des ailes comme un fou, il s'est approché de la porte vitrée, puis d'un seul coup a ressaisi ses forces, a décidé que non, que ce ne serait pas pour cette fois-ci, et il s'est envolé dans la lumière gris-jaune. Plus il s'éle-vait, plus il reprenait de forces. Il a disparu. Ma journée ne pouvait mieux commencer que par cette vue-là. Je ne cherche rien d'autre dans le monde et sur la page, d'abord dans le monde,

ensuite sur la page : arrachement, puis déli-
vrance et envol.

Dimanche 27 octobre

Ma vie — ou du moins la part la plus déliée
de ma vie, la moins obéissante, celle que
j'appelle, faute de mieux : mon âme — mon
âme, donc, grimpe sur la fumée qui s'élève
d'un jardin, traverse les roses qui somnolent
dans la cuisine, danse sur la couverture des
livres qui m'entourent, ignore superbement les
pages de ce carnet et moi je l'attends, un peu
bête, un peu creux, pigeonnier vidé de ses
pigeons. Cette histoire se reproduit souvent.
Elle ne m'inquiète pas, même si je devine qu'un
jour elle ira à son terme : mon âme se rendant si
légère qu'elle oubliera de revenir et que
quelqu'un dira de moi : « il est mort » — puisque c'est ainsi que l'on nomme ce genre de
fugues.

Lunai 28 octobre

J'ai lu le récit fait par une femme sur son père
atteint par la maladie d'Alzheimer. Elle publie
son livre à compte d'auteur, pour l'entourage et

d'éventuels inconnus. C'est une tentative déses-
pérée et réussie de donner à voir la majesté
d'une personne que le vieillissement et l'indifférence asilaire ont dépouillée de sa beauté, de
son intelligence, de sa liberté, de son passé, de
son avenir, bref de tout ce qui fait une personne. L'amour est là devant le pire, confronté
à son propre mystère : qu'aimons-nous dans
ceux que nous aimons ? Leur force — mais
quand ils n'en ont plus ? Leur charme — mais
quand il les a désertés ? Leur parole — mais
quand elle est détruite ? Qu'est-ce qu'une « personne » ? Qu'est-ce qu'aimer ? Aimons-nous
ceux que nous croyons aimer ? Questions, questions, questions — et pour les réponses on verra
dans une autre vie. Peut-être. Sûrement. Peut-
être.

Mardi 29 octobre

Entre vingt et trente ans, la plupart de ceux
que je connaissais se sont mariés et je les regar-
dais avec étonnement. Je pensais que pour vivre
avec quelqu'un, quelle que fût la personne, il
fallait une force exceptionnelle dont j'étais
dépourvu, semblable à celle que l'on accorde
aux héros des légendes. Je le pense toujours. Le
spectacle de la vie conjugale suscite en moi le

même mélange d'émerveillement et d'effroi que, dans la petite enfance, les histoires d'ogres et de fées

Mercredi 30 octobre

Les roses ne se sont pas ouvertes. En un seul jour elles ont fait faillite. Têtes basses, tachées de brun, elles mendient un regard plus fin que le regard habituel, distrait : « Aime-moi. Je suis peu à mon avantage dans la lumière. Je n'ai pas su faire mon travail de beauté, je ne sais rien faire et je te demande de m'aimer, d'aller chercher cet amour en toi qui ne doit plus rien à l'apparence. Aime-moi parce que je suis là terne, souffreteuse et vivante, simplement vivante donc parfaite ›

Jeudi 31 octobre

En Tchécoslovaquie, au temps des « communistes », des opposants ont été torturés, puis pendus, puis brûlés et leurs cendres dispersées par des employés municipaux sur la neige des avenues. Des histoires semblables ont eu lieu dans d'autres pays, sous d'autres régimes, de tout temps. À ce degré d'anéantissement, il ne s'agit évidemment plus de vengeance ni de châtiment, mais de haine à l'état spirituellement pur. La haine serre les dents, non seulement sur le vœu que l'autre n'existe plus, mais aussi qu'il n'ait jamais existé : « Que ceci n'ait jamais eu lieu, qu'en disparaisse jusqu'au nom, jusqu'à l'ombre du nom. » La haine est le regard renversé de Dieu, une création à l'envers. Elle vise l'avenir, le présent et le passé de l'autre. L'amour vise la même totalité du temps — mais pour préserver, non pour anéantir.

Dans la haine il n'y a personne, pas même celui qui hait. Pour qu'il y ait quelqu'un, il faut qu'il y ait quelqu'un d'autre, et pour qu'il y ait l'un et l'autre, il faut qu'il y ait l'amour, ou du moins son attente, son espérance, sa nostalgie, sa promesse.

Un herbier où rien ne serait desséché, où tout garderait sa fraîcheur d'apparition.

*Vendredi 1*er *novembre*

Elle est couchée sur une scène, abandonnée à la lumière brute des projecteurs. Plusieurs minutes elle reste seule. C'est une chaise, une simple chaise de plastique brun, renversée sur les planches d'un théâtre. Il émane d'elle, de sa présence pauvre, bancale, l'idée d'une détresse, d'une souffrance nue. Après quelques minutes un homme arrive. Dans chacune de ses foulées, le miracle de la lenteur : dix mètres le séparent de la chaise orpheline. Il mettra dix minutes pour franchir ces dix mètres. Son corps est coulé dans une lenteur royale, il est sans cesse en mouvement, mais ce mouvement est si fin qu'il est à peine perceptible à l'œil. Maintenant il est près de la chaise maltraitée. Très lentement il se penche sur elle, pose ses mains, un doigt après l'autre, sur les pieds de la chaise et, de plus en plus lentement, la redresse, la rétablit dans sa dignité de chaise, dans sa droiture de chaise. Il contemple son travail et sourit, d'un sourire aussi lent que le reste. Vingt minutes ont passé. Avec ce spectacle, une pensée m'est venue. Trois jours plus tard elle est toujours là, continue sa progression lente dans l'esprit. Quelle sorte de pensée ? Elle est difficile à formuler. Il y est question d'aide, d'assistance à ce qui, partout dans le monde, est dans la maltraitance de l'abandon. Il y aurait des choses auxquelles il faudrait porter secours ainsi, avec une extrême lenteur, comme si la précipitation risquait d'ajouter du mal au mal. Mais je ne parviens pas à exprimer cette pensée au plus près. Le temps m'aidera à le faire.

Encore un détail : la pièce qui commençait par cette scène était jouée et écrite par des malades mentaux. Je l'ai vue lors d'une visite à l'hôpital psychiatrique de la Chartreuse, à Dijon. Mais je crois que ce n'est qu'un détail. Dans la scène que je viens de décrire, il n'y avait rien de maladroit ni d'infirme, plutôt une saisie de cette chose qui n'est ni normale ni folle, et dont la contemplation ne peut jamais lasser : l'amour.

Samedi 2 novembre

Je ne sais pas si j'aimerais vivre avec quelqu'un comme moi. Je crois que non. Dieu merci, je ne vis pas avec moi.

Dimanche 3 novembre

Écrire une phrase, élever une cathédrale, peindre des roseaux, marier des notes sur une partition, c'est toujours céder à l'impatience. Cette impatience fait toute la gloire des œuvres d'art — et leur secret défaut. L'amour vrai ne se soucie ni des mots, ni des pierres, ni des couleurs, ni des notes. L'amour vrai ne sait que se taire et patienter, comme lorsqu'on est arrivé en avance à un rendez-vous.

J'aurais fait un piètre mari, un père peu crédible et une mère assez bonne. Mieux valait encore rester enfant, écrire.

Les poemes que je lis
je les appelle
premiers soins

Le mimosa sur la table
Je l'appelle
par ton prénom

Et ce qui depuis six mois m'arrive
chaque jour donnant son sang
au jour suivant
je l'appelle
franchissement

Lundi 4 novembre

Dans la cuisine, œillets et mimosa — du rouge et du jaune en bonne intelligence. Les pétales des œillets ont la même découpe que les guirlandes de bois qui sortent d'un taille-crayon.

Mon « travail » est proche de celui des enfants : regarder, jouer. Et même au cœur du jeu, continuer à regarder.

La baie vitrée devant le bureau est la partie maîtresse de cet appartement. C'est elle que je regarde en premier le matin pour recevoir des nouvelles du monde. C'est par elle que la lumière arrive et se mélange au désordre des livres, des roses et des vêtements entassés sur un fauteuil. Ce matin, devant la vitre gauche, une araignée suspendue à un fil invisible faisait sa gymnastique. En regardant la petite noiraude descendre et monter dans l'air blanc, j'ai pensé qu'elle et moi, nous avions reçu même don d'existence. J'étais d'humeur chiffonnée, mal réveillé. Elle, elle dansait. De la vie qui nous était semblablement donnée, elle faisait à cet instant une plus belle œuvre que moi. Cette note est un peu longue, je la résume : ce matin j'ai pris un cours de danse avec une araignée et cet après-midi je m'en porte mieux.

Je n'écris pas des livres : je taille des miroirs, et c'est par malentendu que l'on s'adresse ensuite à moi pour m'en faire louange ou reproche.

117

Dimanche 10 novembre

Seigneur,
  tout aujourd'hui dit ton absence : le ciel
  mouillé, la terre froide et la voix de ce prêtre
  — un peu d'eau tiède dans un verre sale.
  Ceux qui font métier de nous parler de toi
  ont souvent moins de grâce que la première
  alouette surprise dans son jaillissement bleu.

Seigneur,
  j'écris en l'an 1996, dans un pays qui multi-
  plie son or en même temps que ses pauvres.
  C'est une terre ingrate. Les paroles qui y
  poussent rendent un son de pluie et de pièces
  de dix francs.

Seigneur,
  j'ai entendu un homme, trente ans après son
  mariage, me parler de sa femme. Son cœur
  chavirait dans sa parole — comme l'eau des
  fontaines, l'été, jette ses étincelles dans les
  mains jointes des promeneurs. Ces mer-
  veilles-là sont assez rares pour mériter d'être
  notées. Cet homme m'a dit sa joie d'enfant,
  quand sa femme est sortie, à retrouver partout dans la maison des trognons de pommes

qu'elle a, gourmande, abandonnés. Et moi, Seigneur, je vais dans ma vie petite et douce comme dans une résidence secondaire, cherchant partout les signes enfantins de ton contentement, et je trouve et j'éclate de rire devant les traces de ton séjour, les trognons de pommes célestes.

Seigneur,
ce n'est pas toi qui fais défaut, c'est nous qui nous rendons absents. Une fois de plus pardonne-nous. Ce ne fera jamais qu'un milliard de fois. Chacun a toute sa vie pour t'entrevoir, avant la montée noire des eaux. Une vie, même brève, c'est bien plus qu'il n'en faut. Alors, Seigneur, patiente, pardonne, espère — et cogne un peu plus fort sur le vieux bois des âmes : travaille.

Lundi 11 novembre

J'ai vu hier ton grand fils bien-aimé. Je l'ai trouvé comme à chaque fois taciturne, réservé, méditant, scrupuleux, attentif et drôle, doué de cet humour solaire qu'ont également tes deux autres enfants, par quoi ils te ressemblent, comme le feu au feu. Je n'exagère rien en écrivant cela, même si je passe sous silence ce que les enfants doivent aux pères. Je ne sais pas parler de ces choses-là, je commence à peine à voir que je ne vois pas tout. Tu as aimé un homme à qui tu as confié un garçon-silence et une fille-lumière. Tu as aimé un deuxième homme à qui tu as confié une petite fille-miracle. Ces deux hommes ont reçu de toi une manne infinie. À moi, tu as donné un cœur de papier, prêt à chanter, et j'enjambe ta mort importune pour t'en remercier encore, encore, encore.

Mercredi 13 novembre

En fin de jour, elle me montre le musée sur les hauteurs du parc, et me dit : « Allons dans mon palais. » Et comme elle me précise qu'elle est un peu fatiguée, je la porte, cinq ans et demi d'amour sur mes épaules, et nous nous dirigeons vers les lumières. Dans le musée, une exposition sur l'archéologie en Bourgogne. Attentive, grave, lente, elle regarde les silex, les pointes des flèches, les casques, les amphores et les maquettes de campements gaulois. Je lui explique : des hommes, des femmes et des enfants ont vécu il y a longtemps sur cette terre. Puis ils sont morts, sont allés sous la terre, et les objets qu'ils aimaient les ont suivis dans l'ombre. D'autres hommes, d'autres femmes et d'autres enfants sont venus, dans les mêmes clairières, au bord des mêmes étangs. À leur tour ils ont rêvé, joué, chassé, inventé d'autres objets. Et ainsi de suite. Un jour quelqu'un a fouillé dans la terre, a trouve. Elle se tait, considère les vitrines, puis dit, comme réfléchissant à voix haute : « Je sais ce que je ferai plus tard : je creuserai et je chercherai. »

Jeudi 14 novembre

« Reste près de moi », dit le mauvais amour. « Va, dit le bon amour, va, va, va : c'est par fidélité à la source que le ruisseau s'en éloigne et passe en rivière, en fleuve, en océan, en sel, en bleu, en chant. »

Dimanche 17 novembre

Toi qui avais réputation de douceur, j'aimais ta sauvagerie de louve. Ton cœur était tendre comme du lilas entamant une conversation avec un brin de ciel bleu — mais bonté chez toi n'était pas reddition. Tu savais, quand il le fallait, distribuer tes orages et mordre à dents claires. La brûlure de ton rire redonnait des joues fraîches à ceux qui cachaient leur peti-

tesse sous une sagesse grise. Si personne n'a jamais su t'arracher une seule malédiction contre cette vie, tu es morte irréconciliable avec ce que les sots appellent l'« ordre des choses .
C'est ainsi, disais-tu : je suis heureuse et malheureuse, impatiente et patiente, minutieuse et distraite, je me noie et je chante — pas question de changer pour les beaux yeux de personne. La vie était ta sœur de lait. Tu lui empruntais ses robes et te rendais comme elle, imprévisible : même ta mort était inattendue et, en cela seulement, elle te ressemble. Pour le reste, elle est sourde, avare, maussade : tout le contraire de toi.

Écrire c'est-à-dire aimer en retour.

Lundi 18 novembre

Te voilà, légère neige, première sœur, née avant terme, tu te reposes sur les toits orangés des maisons et tu fonds en touchant les routes noires, les enfants dans les écoles doivent être distraits ce matin, c'est par leurs yeux que je te regarde et c'est en leur nom que je te salue, ton silence et ta blancheur étant ce qui, du monde, s'accorde le mieux avec leurs rires de toutes les couleurs.

En certaines heures de certaines journées je suis privé de tout secours — mais voir cela est déjà un secours.

Cet après-midi, petite fille, s'il ne pleut pas, tu feras du cheval, puis nous inventerons bêtises et rires — tous bracelets que la vie aime à faire tinter autour de ses poignets graciles. Tu es au bord de lire. Sans doute, dans un an, sauras-tu engager ton esprit dans le long cours des phrases imprimées. Ce voyage-là n'a pas de fin. Dans dix ou quinze ans, peut-être ouvriras-tu ce livre, à cette page exactement. J'ignore où je serai alors, sur la terre ou dessous. J'ai un peu de mal à voir dans les lointains. J'avance, pataud, une joie après l'autre. En cet instant, par exemple, je regarde les nuages de grosse laine qui roulent dans le ciel, vieux matelas éventré, et les sapins à qui le vent du Nord donne une respiration un peu exaspérée. Le rouge-gorge dans son orgueil gonfle son gilet cramoisi d'une manière semblable à celle des branches de sapin. Je rallume pour la troisième fois une cigarette et bientôt je m'offrirai un verre de whisky. Écrire cette phrase anodine fait revenir un éclat de l'enfance héroïque : je n'étais guère plus vieux que toi, petite grenouille. J'avais six ou sept ans. On me reprochait d'avoir volé une tomate dans le jardin du voisin. La tomate était déjà dans mon ventre, plus désaltérante qu'une orange. Accusé, j'ai choisi non pas de nier mais de rétablir le langage et le monde sur leurs bases. Cette tomate, ai-je dit, je ne l'ai pas volée, je me la suis donnée. Je t'écris cette histoire, petite fille, pour t'embrasser au-delà des quinze années à venir, et pour te confier ce que tes cinq ans et demi savent déjà : la joie est ronde comme une tomate. C'est un rouge soleil donné par le voisin — et si le voisin n'y songe pas (beaucoup de voisins sont avares ou simplement absents), donné à nous par nous. Alors, grenouille, dans tous les cas et pour chaque seconde de ta vie : bon appétit.

Jeudi 21 novembre

Le premier venu est plus proche de Dieu que moi : voilà toute ma croyance. Elle me vient des rencontres plus que des livres. Au début de cette année, j'ai connu la joie de donner la moitié de ma bibliothèque. Je me suis délivré des livres qu'une seule lecture éteint. Des romans,

des essais. Dans la banquise fondue de la bibliothèque sont apparues les fleurs résistantes, presque toutes de deux genres, poésie, théologie.
Les livres de théologie, je les abandonnerai
sans doute un autre jour. Ils ne sont pas
vraiment indispensables et, sur l'amour, ne
m'apprennent rien de plus que le premier
venu. Le premier venu peut être un homme,
une femme, un enfant, une lettre, une fougère,
un moineau, une heure de la journée, les
tulipes qui sont revenues habiter ma maison, le
silence de l'immeuble à une heure du matin. De
cette « révélation » du premier venu, découlent
pour moi deux certitudes : pas d'accès direct à
Dieu et à ses joueurs de flûtes. Je suis obligé
pour avoir des nouvelles du Christ de porter
attention à ce qui vient, à qui est là, à ce qui se
passe aujourd'hui, maintenant. La deuxième
certitude, c'est que je ne suis que rarement à la
hauteur de ce que j'écris là. Je manque d'attention et d'amour, je manque à peu près de tout.
Ce manque n'est pas désolant. Il me fait plutôt
jubiler : j'y trouve à chaque fois l'occasion de
reprendre ma vie à ses débuts. Je ne cherche pas
la perfection. Cela me semblerait aussi intel-
ligent que de rechercher la mort. Je cherche la
justesse — un équilibre précaire entre ma vie
toujours trop vieille et la vie naissante première
venue. Mourir, renaître, mourir, renaître : voilà

tout ce que je sais faire, un jeu et un travail, un *passe-temps.*

Dimanche 24 novembre

Devant ta tombe surchargée de fleurs et de plaques, j'ai parfois pensé que ton corps sans défense méritait un vêtement plus simple : une pierre blanche et nue où la lumière viendrait griffer ses poèmes — ou un drap d'herbes vertes comme dans les cimetières anglais. Aujourd'hui ce désordre me plaît. Il ressemble à celui dont tu étais coutumière pour ton bureau. J'y redécouvre ta vertu première de n'avoir jamais songé qu'à l'amour : pas de place dans un tel songe pour les manies de l'ordre et du chic.

Le plus solitaire est aussi celui qui a le plus reçu.

Lundi 25 novembre

Ces gens qui font la roue à la télévision, experts en économie ou animateurs de variétés, accomplissent la même besogne. On leur a confié le soin de nourrir l'imaginaire et la pensée d'un peuple. Ils le font maigrir et l'insultent.

On devrait leur montrer leurs émissions telles qu'elles sont reçues dans les maisons de retraite, les hôpitaux et les prisons. La plus pertinente manière de connaître une société, c'est de la regarder à partir de ces lieux où l'humain est en voie d'oubli, et d'orienter ainsi sa pensée : du bas vers le haut. On verrait alors ce qui est faux, mort, irréel, et on serait ébloui par les nombreux miracles restants — images d'animaux, d'arbres, de visages, paroles qui échappent et ravissent. Car il en va des sociétés comme des individus : le réel est toujours du côté du réfractaire, du fugitif, du résistant, de tout ce qu'on cherche à calmer, ordonner, faire taire et qui revient quand même, et qui revient encore, et qui revient sans cesse — incorrigible. L'écriture est de ce côté-là. Tout ce qui s'entête à vivre est de ce côté-là.

La tige des tulipes s'est inclinée très bas, comme les courtisans au passage de leur maître. Le roi-soleil est absent ces jours-ci. Les fleurs sont quand même prêtes à l'accueillir — au cas où.

J'aime, plus que tout, être laissé seul. C'est ma maladie. Ma santé sort tout droit de ma maladie.

Mardi 26 novembre

> *Je pense à toi, Christ guérisseur*
> *à ta salive lumineuse*
> *pleine de soleils, lucioles et autres fées*
> *remèdes contre la lassitude*
> *Prends dans ta bouche, Christ sorcier*
> *ma maigre vie*
> *et le peu d'amour qui y grelotte*
> *serre la petite herbe de mon âme*
> *entre tes dents de feu*
> *et apprends-moi à rire*
> *dans ta langue maternelle*

Mercredi 27 novembre

J'ai commencé d'écrire tout juste après ma mort.

Jeudi 28 novembre

À ma gauche, un livre ouvert de Kierkegaard, *Vie et règne de l'amour*. À ma droite, les tulipes qui viennent de finir leur carrière. À ma gauche, un mort qui parle de son Dieu comme un amant ivre de sa belle. À ma droite, des fleurs qui défendent les couleurs d'un temps qui les a tuées. À ma gauche, le Danemark, à ma droite, la Hollande. À ma gauche, des phrases imprimées en caractères si petits qu'elles me font mal aux yeux. Tu devrais porter des lunettes, me dit Kierkegaard, entre deux paroles sonnant à la volée. À ma droite, pieds dans l'eau, têtes navrées, les tulipes qui murmurent : ce n'est pas un reproche, ne le prends pas mal, mais si tu fumais un peu moins, tu nous aurais peut-être donné un jour à vivre de plus. Ne les écoute pas, dit Kierkegaard : leur beauté est trompeuse. Elle passe comme le reste. Qu'est-ce qu'il nous chante, le vieux gars perdu dans sa Bible, répliquent les tulipes. Qu'est-ce que c'est que cette folie de vouloir le ciel sans passer par la terre incertaine et si belle ? Et le ton monte, à ma gauche, à ma droite, entre le Danois allongé dans son livre et les Hollandaises barbotant dans un vase. Ma solitude, ce matin, ressemble à un hall de gare. Elle est aussi vaste et résonante. Je vais sortir, attendre que les adversaires se calment. Cela dit, ils n'ont pas tout à fait tort : je devrais penser à des lunettes et fumer un peu moins. Oh rien qu'un tout petit peu moins.

Dix-neuf heures, gare de Chalon-sur-Saône. La cigarette que je fumais a mis plus de temps à disparaître que moi : en une seconde, le passé et l'avenir se sont effondrés comme un échafaudage mal assuré, mis bas au premier coup de vent. Plus rien que le présent, et dans le présent, du blanc, le vide. Aucune cause apparente. Aucune explication à ce désastre intime. Cela s'est vu. Quelqu'un m'a demandé : qu'est-ce qui t'arrive ? Je n'ai pas su répondre. La question n'était pas la bonne. Il ne m'arrivait rien, justement : *plus rien ne m'arrivait* et, derrière mon visage, il n'y avait plus personne. J'avais si peu de consistance que les voyageurs auraient pu me traverser sans s'en rendre compte. Le réel épais et solide est revenu au bout d'une heure. Il finit toujours par revenir. C'est une épreuve que je connais, de loin en loin. Le funambule doit éprouver le même vertige quand, les yeux bandés, il pose un pied tendu sur le filin d'acier et ne rencontre que l'air. Un vif mouvement des épaules et la chute est évitée, l'équilibre rétabli. La marche sur les abîmes peut continuer. Elle en devient même plus dansante : tutoyer sa propre mort rend allègre.

Deux images de la semaine dernière, résistant à l'acide du temps qui passe. D'abord cette petite fille de six ans, maladroite, qui se cogne aux meubles, chute dans les escaliers, glisse sur la terre d'un parc. Sa mère, moitié soucieuse, moitié attendrie, me dit : « C'est ainsi, j'ai une petite qui tombe depuis qu'elle est née. » Ensuite une autre femme avec sa fille de dix ans au restaurant. Plusieurs fois dans la soirée, l'enfant se lève, quitte sa place pour venir appuyer son visage contre le corps maternel, fermant les yeux et goûtant là un sommeil angélique de quelques secondes. Quelles femmes deviendront-elles plus tard, la petite qui trébuche sur le réel et celle qui dort au bras des fées ? Petites filles, petites filles, celles qui vous ont donné le jour ressemblent à des reines. Si vous saviez à quel point leur royaume est fragile, vous trembleriez de froid. Petites filles, petites filles, la vie c'est souplesse et transformation continue. Il vous faudra grandir, quitter la maison douce et apprendre comme tout le monde à danser sur le pont d'Avignon. Vous verrez : ce n'est rien de compliqué ni de grave. Tombez, petites filles. Tombez, dormez, riez : plus rien n'est à craindre puisque vous avez déjà tout reçu

— l'amour donné un jour, c'est pour toujours qu'il est donné.

Mardi 3 décembre

Le double esprit d'accueil et de résistance qui fait le sel de la vie.

Mercredi 4 décembre

Elle est psychanalyste et, sans toucher au secret de son travail, me parle un jour de celui qu'elle nomme son « patient préféré ». Dans une récente rencontre, elle l'a entendu dire, sur le ton où l'on annonce une éclaircie : « Il y a des guérisons qui viennent. » Cette parole m'a réjoui. Traduite dans ma propre langue, moins talentueuse que celle du « patient préféré », cela donnerait ceci : je suis seul auteur de ce qu'il y a de mauvais dans ma vie. Le bien, s'il y en a, quand il y en a, arrive dans les rares instants où, m'abstenant de faire quoi que ce soit, je lui ouvre un espace. Le mal, c'est ce à quoi je prends part. Le bien, c'est ce que je laisse venir.

J'ai retrouvé une lettre de toi, vieille de deux ou trois ans. Tu y évoques un poème dont tu dis que tu l'aimerais un jour sur ta tombe : « D'un cœur léger, avec des mains légères, prendre la vie, laisser la vie. » Ta grande fille souhaite faire graver une plaque avec ces mots-là. Une plaque en bois, pas en marbre, précise-t-elle. Elle a raison. Le marbre, c'est pour les morts et tu n'es pas morte, toi qui l'es.

Samedi 7 décembre

Chiffonnier des lumières — bon travail.

Lundi 9 décembre

La vérité bouge, pousse, file, revient, chante, se contredit, virevolte et n'est jamais captive de rien, d'aucun principe, d'aucune habitude. La vérité, c'est ce que je n'*ai* pas, ce que personne ne peut *avoir*. Elle traverse parfois nos vies comme le rai de lumière traverse un feuillage, mais c'est par chance et de loin en loin, sans que nous y soyons jamais pour rien.

Les enfants comme symptômes des parents — leur ombre mise en plein jour.

« La résurrection ? Oh ce n'est pas compliqué. Cela n'a rien à voir avec le doute ni avec la certitude. C'est une simple affaire de confiance. » (Parole du brin d'herbe.)

Jeudi 12 decembre

Je prends le livre de peinture entre mes mains. Fermé, il pèse des tonnes. Ouvert, il est aussi léger qu'une plume. Un moine a peint ces images, il y a plusieurs siècles, sur les murs de son couvent. Le vent les a détachées, portées comme du pollen à travers la nuit des temps, jusqu'à cette librairie. Nombreux visages du Christ sur fond bleu. Je repose le livre sur la table. Je pourrais l'acheter — mais pourquoi, pour l'enterrer dans une bibliothèque ? Qu'est-ce qui m'est vraiment indispensable, à part l'élémentaire refusé à beaucoup : toit, nourriture, vêtements ? Je reprends le livre, respire encore la couleur bleue. Je peux me passer plus facilement des chefs-d'œuvre de la peinture que des roses sur mon bureau. Ces temps-ci, je les ai négligées. Elles me l'ont bien rendu, sont mortes en une nuit. J'ai envie d'avoir ce livre chez moi, je n'aime pas cette envie. J'abandonne le livre muré dans son poids et son prix, je quitte la librairie à regret. Cinq cents mètres plus loin, je découvre, sur le toit en tôle ondulée d'une usine de pneus, le même bleu creusé, en apesanteur, que dans les peintures du moine, la même lumière, exactement la même, mais, cette fois-ci, *donnée* — à se demander pourquoi les peintres se fatiguent à peindre et pourquoi les éditeurs se ruinent à faire des livres d'art.

Samedi 14 décembre

Vouloir plaire — c'est mettre sa vie dans la dépendance de ceux à qui l'on veut plaire et de cette part en eux, infantile, qui veut sans fin être comblée. Ceux qui recueillent les faveurs de la foule sont comme des esclaves qui auraient des millions de maîtres.

Vert franchement vert, jaune franchement jaune : les tulipes ont une manière adolescente de simplifier le monde.

L'ombre est venue. En été, elle descend des arbres et glisse sur les épaules. En hiver, elle monte de la terre, rentre dans le corps par les pieds. Si on la laisse faire, elle serpente dans le sang, droit au cœur.

Lundi 16 décembre

Et je pense à ceux qui meurent à l'instant où j'écris cette phrase, à cette douceur qu'ils connaissent de soudain lâcher prise.

Thérèse d'Avila est passée en coup de vent, brutale comme à son habitude. Elle a laissé un mot sur la table : « Le temps n'est plus aux jeux d'enfants, et les amitiés du monde ne sont pas autre chose, si bonnes soient-elles. Refusez-vous à des propos comme "si vous m'aimez", ou "vous ne m'aimez pas", avec vos proches comme avec qui que ce soit. » Et au dos du billet, maligne, elle a ajouté : « Mais qu'il semble austère de dire que nous ne devons nous complaire en rien ! Pourquoi ne dit-on pas quel plaisir et quelles délices implique ce refus, et ce qu'il nous fait gagner même en cette vie ! » (Chapitres xx et xii du *Château intérieur.*)

Mardi 17 décembre

Très tôt j'ai su ce que je ne voulais pas. Cela correspondait à l'ensemble de ce qui m'était proposé comme avenir. Un mariage, un travail. Des objets, des horaires Les vivants qui s'accommodent d'aussi peu font semblant de vivre : voilà ce qu'alors je pensais. Aujourd'hui il m'est aussi évident que les morts font semblant d'être morts. Ni les uns ni les autres ne m'apparaissent absolument réels. Aux vivants comme aux morts, il manque quelque chose. Écrire donne parfois une vue imprenable sur cette chose. Je ne peux écrire que contraint, sous la pression d'une joie. Toutes les écritures ne sont pas ainsi. Beaucoup sont comme les roues d'un vieux moulin, mises en mouvement par les eaux moussues du ressentiment. Quand, par des détails minuscules et de plus en plus nombreux, m'a été signifiée la sortie de l'enfance, j'ai commencé à simuler — seule manière de survivre en société. Dans les années où je faisais semblant d'étudier, j'ai beaucoup lu les philosophes. Que m'est-il resté de ces lectures ? Que reste-t-il des nuits joliment perdues à lire ? Peu de clarté. Dans la rue où j'ai grandi, sur un trottoir près de la maison d'enfance, quelques fissures. Elles s'y trouvent encore aujourd'hui. J'ai passé des heures à rêver leurs formes, à y lancer des billes. J'ai pour ces lézardes plus d'amour que pour la plupart des grands auteurs. Je donne mon amour à qui me donne de la joie. En lisant Spinoza, j'ai connu presque autant de joie qu'à jouer aux billes. Je ne me souviens plus de cette lecture dans le détail. Je me souviens seulement avec gratitude du souffle de cet homme et de quelque chose qu'il pense à propos de la joie — ou plutôt qu'il raconte : penser n'est jamais qu'une manière un peu austère de raconter. Il dit que dans la joie nous augmentons notre être. Eh bien je n'écris que dans ce seul dessein : accroître — par le chant et l'amour. Ce que la pluie, la neige et le soleil font à un trottoir, en le fissurant et en laissant passer une petite herbe à travers les fissures, c'est ce que j'aime faire avec du papier blanc. Et pour le reste, indifférence, abstention. Pour le reste je fais comme tout le monde : semblant.

Mercredi 18 décembre

Un seul regard sur les tulipes et je me sens ragaillardi. Je goûte par là au meilleur de la vie conjugale : quand l'autre, contagieux de lui-même, transmet sa gaieté sans même s'en rendre compte.

Jeudi 26 décembre

Aucun adulte dans cette vie — que des enfants préoccupés d'un jouet cassé ou refusé. Rares parmi eux ceux qui, oubliant de geindre, se saisissent de la première lumière venue pour sauter à la corde. Ceux-là sont de bons compagnons. La terre est par eux enchantée.

Les tulipes dans leur décomposition ressemblent à des iris. Mortes depuis trois jours, elles continuent leur métamorphose. S'ouvrir n'était que la première étape d'un bien plus long voyage.

Vendredi 27 décembre

Choses irréelles qui ne subsistent qu'à la mesure de nos peurs et de notre besoin d'être rassurés : le sentiment amoureux. La littérature — à l'exception de la poésie. La manière dont le monde est raconté dans les journaux. La séduction, la vengeance, les honneurs. La conscience que nous avons de nous-mêmes. Les actes de propriété, les agendas et les calendriers.

Choses indéniablement réelles : la faim. Le froid. La poésie, toute la poésie. Mozart. Les maux de dent. La joie. La lumière des saisons. Les voix que l'on n'entendra plus. Le désir de justice. Le manque d'amour. La joie, encore, surtout.

Samedi 28 décembre

Les tulipes, après leur mort, quand la main les frôle, bruissent comme du papier froissé. La lumière continue d'arriver mais ne peut plus rien pour elles. Je ne sais pourquoi je les garde si longtemps, sans doute parce qu'il leur reste quelque chose à me dire.

J'aime de plus en plus cette vie à laquelle je prends de moins en moins part.

Mardi 31 décembre

J'ai rendez-vous chaque matin avec la beauté du monde. La beauté du monde est assise en face de moi. La beauté du monde change de chaise tous les jours. La beauté du monde, à mon réveil, s'appuyait, rêveuse, sur le portail blanc d'une maison de l'autre côté de la rue. Hier la beauté du monde était assise en tailleur sur les fleurs que je venais d'acheter, des roses d'un blanc crémeux. La beauté du monde est discrète, connaît la splendeur de l'humilité. La beauté du monde sait se rendre invisible et passer incognito sur les ailes de Mozart ou dans les cavalcades de Bach. La beauté du monde ne dédaigne pas non plus le jazz. La beauté du monde est belle de ne rien dédaigner. Tout lui est refuge, temple, scène. La beauté du monde a posé ce matin ses mains de neige sur mes épaules. Elle m'a regardé droit dans les yeux, m'a dit : toi, tu devrais faire comme moi, long-temps dormir, longtemps mourir, une cure d'absence et de silence, regarde comme ça me va bien. Et la beauté du monde s'est mise à dan-ser sur le bureau — une danse maladroite, ado-rable. J'ai souri. Je me suis préparé une troi-sième tasse de café, les deux premières ne comptent pas, les deux premières ne comptent jamais. La beauté du monde s'est assise au bord de la tasse, m'a dit : devine d'où me vient ma fraîcheur. Je ne sais pas, lui ai-je répondu, écarte-toi un peu, je ne veux pas t'avaler avec mon café. La beauté du monde a éclaté de rire, a fait le tour de l'appartement, mis son nez dans mes carnets, ramassé un pull qui avait glissé d'un fauteuil, s'est penchée à la fenêtre, s'est retournée en criant : ma fraîcheur, tu sais, c'est parce que je désespère et que j'espère dans le même temps, à chaque seconde, ça me va bien au teint, tu ne trouves pas ? Puis la beauté du monde est partie dans toutes les directions à la fois et je suis allé me préparer une quatrième tasse de café

Mardi 7 janvier 1997

Ne cherche pas l'amour de ceux qui ne t'aiment pas. Ne cherche pas non plus l'amour de ceux qui t'aiment. Ne cherche rien — ou en tout cas, pas « ça ».

Ce qui en nous veut être comblé veut en réalité être obéi. Il suffit pour s'en convaincre de regarder le visage d'un bébé quand il réclame son dû. Pour peu que l'on tarde à lui donner satisfaction, on lit sur ses traits la rage d'un dieu aux prises avec de piètres domestiques. Beaucoup de grandes personnes gardent le même visage, mais caché, à l'intérieur, dans leurs façons de vouloir et d'aimer.

Mercredi 8 janvier

Devant la phrase poudreuse et calme : « il neige », on ne songe pas à poser la question : « qui est-ce qui neige ? » « Il neige » désigne un fait pur, un événement sans auteur : « Il y a de la neige, là, maintenant. » Dire « je t'aime » ne dit rien d'autre. « Aimer » est un verbe de la même famille que « neiger ». Qui est-ce qui neige ? La neige. Qui est-ce qui aime ? L'amour. « Je

t'aime » — donc « il y a de l'amour, là, mainte
nant. Il n'y a que de l'amour et moi je n'y suis
pas. Je suis seulement celui qui formule ce qu'il
y a là où, momentanément, je ne suis plus ».

Croire être l'auteur, et le seul, de ce que l'on
fait, ce serait se découvrir aussi abandonné que
Dieu, écrasé par les réussites autant que par les
échecs. Par chance je n'ai pas cette folie-là, et
d'avoir mon nom gravé sur le tombeau des
livres n'y change rien

Choses qui s'accompagnent d'une légère
douleur : ne plus rien trouver à lire. Sortir de
chez moi pour aller prendre un train. La poussée du lundi dans les dimanches soir. Le regard
des vendeuses dans les boutiques de luxe,
quand elles s'identifient à la rareté de ce
qu'elles vendent.

Vendredi 10 janvier

Quelques pas avec ta grande fille, dans le
cimetière couvert de neige. Ton image sur la
tombe a été prise par toi, dans un photomaton,
il y a trois ou quatre ans, pour les besoins d'une
carte d'identité. Tu y apparais dans l'insou-
ciance de tes heures ordinaires. Mal coiffée, tes

yeux brillent et tu te moques d'à peu près tout. À chaque fois devant cette image, je réapprends ma leçon : il y a une photo sur cette pierre, donc celle qui est sur la photo est dessous la pierre. Et très vite, ton sourire, vibrant, mène à une vérité plus haute : tu n'as plus à mourir, c'est fait. Mourir est derrière toi, tu vivras donc sans fin.

Dimanche 12 janvier

Petit, j'allais parfois aux mûres avec un récipient de fer-blanc, un de ces bidons où jadis, dans les campagnes, on versait du lait encore chaud des vaches. Le temps a passé Les mûres chaque automne reviennent, sans moi. Le bidon est perdu mais je n'ai pas oublié les étonnements de la lumière ricochant sur sa surface. Ce sont les mêmes éclats que je trouve dans mes lectures — la qualité de certaines phrases, cabossées comme un bidon rempli de lait fumant, à faire rebondir silence, pensée et joie. La lecture, mes amis, c'est comme la parole d'amour ou comme Dieu le Père : jouissif en diable, charnel d'abord.

Aujourd'hui je ne suis pas seul . maman-

Mozart est là, qui me berce et me secoue, me donne mon quatre-heures et me pousse à la rue.

Ce qu'en cette fin de jour j'appelle « Dieu » est ce qui en chacun est le plus préservé, une simplicité dormante, commune à tous, bien en deçà de nos bavardages du genre : « J'y crois, j'y crois pas. »

Mardi 14 janvier

Nombreuses anémones, mauves et rouges, l'équivalent d'une classe de collège. Elles se bousculent autour de la lumière comme autour d'une petite nouvelle, arrivée en cours d'année scolaire.

Mercredi 15 janvier

Regardez un homme marcher et venir à vous dans la rue. Regardez-le manger seul à une table de restaurant. Regardez-le parler à ceux qu'il aime. Regardez-le à n'importe quel moment de ses jours, trente secondes, et vous saurez tout de lui, même si ce savoir n'en est pas un. Ce que vous découvrirez en le regardant s'appelle le « style » : une manière pour chacun d'être identique à soi, partout. De même dans la vie, de même dans l'art. Trente secondes de Mozart et vous le connaissez jusqu'au cœur. Trente phrases d'un livre et vous avez sur l'auteur une vue plus sûre que celle qu'il pourra jamais avoir lui-même. Trente secondes, c'est peut-être encore trop. Disons dix. Dix secondes de Mozart et l'on entend ce qu'il a volé à Haydn, et à combien de douleur cette allégresse s'arrache, continuellement s'arrache, car le « style », c'est aussi cela : la manière inventée par chacun pour tenir devant l'ombre qui monte en lui, depuis le petit jour de sa naissance.

Vendredi 17 janvier

Choses qui viennent par défaut, à la place d'une autre : l'ambition. L'argent. Laver les vitres, classer des photos. La colère. Les voyages.

Choses qui remplissent toute leur place et ont en elles-mêmes leur propre suffisance : nouer les lacets d'un petit enfant. Lire un livre d'une traite, avec la nuit alentour. Changer l'eau des fleurs. L'empreinte d'un moineau sur la neige fraîche. L'amour.

Samedi 18 janvier

Je n'ai jamais su séparer la présence de l'absence, jamais pu distinguer mes gains de mes pertes. Est-ce un défaut de vision ou une trop vive lucidité, je l'ignore, mais l'amour à son point de naissance a toujours eu pour moi le même chant que l'amour en son deuil. Le sentiment que j'ai de la vie est un sentiment musical — la musique, comme chacun sait, accomplissant ce prodige de disparaître dans le même temps où elle apparaît.

Lundi 20 janvier

L'histoire m'a été confiée ce matin. C'est une histoire réelle. Le propre du réel est d'être inoubliable, quand bien même aucune mémoire ne saurait plus le porter : dans l'amnésie de ceux à qui quelque chose est arrivé, quelqu'un d'autre, à leur place, s'en souvient, préserve en soi le feu de l'événement. Quelqu'un d'autre : Dieu, si l'on croit en Dieu. L'air, les pierres, la terre, si l'on ne croit en rien. Cette histoire se déroule en deux lieux et deux temps. Le premier lieu est la Russie communiste des années cinquante. Une petite fille est accompagnée par son oncle à l'opéra du Bolchoï.

147

C'est cette petite fille qui, quarante ans plus tard, raconte l'histoire. A cette époque, elle n'est encore jamais allée à l'opéra. On y joue le ballet de Tchaïkovski, *Casse-Noisette*. Des gardiens dans le hall d'entrée, devant le grand escalier, repoussent l'enfant : trop jeune pour aller ici, même accompagnée. Son oncle argumente, explique, ne parvient pas à faire s'ouvrir le chemin du grand escalier de marbre. Je vais vous prouver qu'elle est plus âgée qu'elle n'en a l'air, dit-il aux gardiens. Et il s'en va chez lui, chercher la carte d'identité d'une autre fille, plus vieille de deux ans. La petite s'assied dans le hall, attend son retour. Le ballet commence. L'enfant en surprend la rumeur joyeuse. L'écume de la musique arrive de plus en plus dans le hall, enveloppe une petite fille qui pleure toutes les larmes de son corps, d'être exclue de la fête, abandonnée dans une forêt de marbre. L'oncle n'est toujours pas revenu. Maintenant, c'est l'entracte. À travers ses larmes, l'enfant voit une dame en robe de soirée noire, longue, brillante, descendre lentement les marches du grand escalier, aller jusqu'à elle, poser une main gantée de blanc sur son épaule et lui dire, d'une voix douce : « Pourquoi pleurer, petite fille ? Tu as une longue vie devant toi et elle sera très belle. » Puis la dame s'en va et l'oncle enfin revient.

Maintenant nous sommes dans la France des années quatre-vingt. La petite fille est devenue une femme, elle a eu un enfant — une petite fille. Elle décide un soir de l'emmener, pour la première fois, à l'opéra. Elle choisit deux places proches de la scène. À la fin du spectacle, les chanteurs jettent huit roses dans la salle. Sept rouges et une blanche. Ils invitent ceux et celles qui recevront les fleurs à monter sur la scène et danser avec eux. La petite fille reçoit la rose blanche sur ses genoux. Elle la serre contre son cœur en fermant les yeux. Elle connaît l'histoire ancienne, arrivée à sa mère quand sa mère était enfant. Elle ferme les yeux, allez savoir pourquoi, pour remercier peut-être, pour remercier les fées de venir en visite, sans se lasser, d'une génération à la génération suivante, un soir en robe de satin sombre, un autre soir en pétales blancs, et ainsi de suite — sans fin

Lundi 27 janvier

Les morts n'ont pas souci des vivants. Les morts ont quitté la terre lourde des soucis. Les morts ne sont plus comme les vivants la proie du piétinement. Les morts sont dans le vif et l'ouvert. Ils n'y marchent pas. Ils y volent à une vitesse bien plus grande que celle de la lumière

Mercredi 29 janvier

Les livres en bonne santé sont écrits dans le calme. Ils sortent de la conscience de l'écrivain comme le rêve sort d'un sommeil bienheureux. Ce sont des livres écrits pour continuer à vivre et dormir dans le calme. Les livres malades sont écrits pour interrompre, briser, quitter. Ils gardent en eux quelque chose de cet air abruti que l'on a au réveil. Ils sont écrits dans une matière d'agonie. Leur auteur y mène un combat avec le monde, ou pire encore : avec ce mélange de soi et du monde que chacun, passé un certain âge, connaît d'une connaissance intime et malheureuse. Les livres malades ne tiennent que par leur fièvre. Un rien de fièvre en trop et c'est la mort. Tout est dans la mesure. L'enfance est seule mesure, pour peu qu'on s'en saisisse avec naïveté — naïf étant celui qui vient de naître. Les livres malades sont des livres d'agonie et de naissance. C'est en appuyant leurs phrases sur le sentiment perdu d'enfance qu'ils peuvent aller avec amour dans la rage, avec amour dans la malédiction, avec amour dans l'insulte. En 1939 Bernanos écrit *Les Enfants humiliés*. C'est un journal et ce n'est pas un journal. C'est la guerre vue du Brésil, la

France vue de la forêt, Dieu vu de l'enfance. Écrivant, Bernanos perd ses moyens d'écrire et laisse filer de ses mains un livre en lambeaux, rouge de fièvre. Il ne se regarde pas écrire. Il est comme un pommier dans le jardin. En 1939 le pommier Bernanos donne des pommes acides. Il fait revenir l'enfant qu'il a été, le petit garçon aux jambes grêles et aux yeux ronds, il lui dit : à toi. À toi de raconter, moi je ne saurais pas, trop avancé dans l'âge et la fatigue, toi tu sauras, tu n'es gâté par rien, tu as toujours mieux parlé que moi. Si ma vie a quelque noblesse, et elle en a terriblement peu, c'est de toi qu'elle la tient, c'est de ta survivance, allez, travaille. Les livres malades appellent à leur chevet des lecteurs malades. Je ne peux bien parler de ce livre que par égarement. Je lis beaucoup. Ce n'est sans doute pas très sain de toujours avaler de l'encre. C'est la colère en moi qui a lu Bernanos. De son livre, je retiens une phrase. Elle est à l'imparfait. Je la remets comme je l'ai lue, au présent : *le monde est au pouvoir de gens qui ne sont pas faits pour le bonheur.* Maintenant je la formule à ma façon : qui contraint a commencé par se contraindre. Le néant n'est pas dans la mort mais dans cette vie. Le néant est dans l'âme de ces gens dont la tristesse grandit en même temps que la puissance. Le néant, c'est l'oubli de l'enfance, de la joie et de l'amour. Le néant

151

est un maître qui obéit à un maître plus fort que lui : l'ambition, l'argent, le ressentiment. Il y a dans le livre de Bernanos un merveilleux portrait de Hitler en petit homme saisi par le ressentiment au lendemain de la Première Guerre mondiale, calciné dans la fleur de sa jeunesse par le ressentiment, recuit dans la certitude d'avoir été floué en tant que jeune caporal, en tant que citoyen allemand, en tant que brave homme moyen d'humanité médiocre. Hitler, dit Bernanos, est mort quand il avait vingt ans, car c'est être mort que de croupir toute sa vie dans la même vieille histoire froide. De sa mort est sortie sa puissance. Bernanos écrit contre ces gens-là, contre ces sales bêtes gavées d'amertume, repues de leur bon droit. Les secrets du monde sont des secrets misérables. Ils se laissent attraper par ce genre d'écriture là, mal polie, mal habillée, malade. Le grand secret, c'est qu'il n'y a pas d'humanité. Les livres en bonne santé sont des livres de loisir. Les livres malades appellent au travail de soi sur soi — et sur le reste. Car le vrai secret est celui-ci : il n'y a *pas encore* d'humanité. L'humain est ce qui est à venir. Nous partons de bas, de très bas. Nous sommes si bas que nous ne sommes même pas à la hauteur des yeux d'un enfant. Nous savons donc ce qui nous reste à faire : travailler à rendre vivant ce qui ne l'est pas encore. Mais les choses ne sont pas si simples, nous dira-t-on. Vous ne pouvez pas, comme ça, aussi sommairement, opposer l'enfance et le monde. Il vous manque l'art des nuances qui est l'art adulte par excellence. Les braves gens tristes ont toujours prétendu que les choses étaient très compliquées et qu'il fallait beaucoup mûrir avant de les saisir. Ce discours sur la complexité des choses est, il n'y a pas d'autre mot, le discours d'un salaud, de celui qui s'adresse à l'enfant pour lui dire : tais-toi. Tu parles d'esprit et de révolte, mais tu ne sais pas ce dont tu parles. Attends d'être comme nous et tu pourras parler en connaissance de cause. Ces gens auraient fait la leçon même au Christ : elle est charmante, votre histoire. Ah vous avez de la chance de pouvoir rêver, et tenez : c'est d'accord, nous vous suivrons dès que nous aurons mis nos petites affaires en ordre. Le malheur, c'est que lorsque les petites affaires sont en ordre, le cœur est au point mort. Voilà. C'est tout ce que je saurais dire du livre de Bernanos. On pouvait le lire hier. On pourra le lire dans trois mille ans. Les livres malades sont les derniers à mourir.

Deux types d'intelligence. La première trouve sa nourriture suffisante dans le raisonnement. Elle va des causes aux effets, d'une chose à sa conséquence, d'un début à une fin. La conséquence, l'effet, la fin, sont pour elle des lieux de repos. Voici de quoi je suis partie et voici où je vais passer ma nuit. Je pose $2+2$ et je m'endors dans 4. Je cherche, puis je trouve et dans ce que je trouve il n'y a rien de plus ni de moins que dans ce que je cherchais. La seconde intelligence a besoin de l'amour et ne découvre de repos nulle part. Elle ne va pas d'une chose ancienne (la cause, le début, $2+2$) à une chose qui fane dès qu'on l'atteint (l'effet, le terme, 4). Elle va de l'éternellement neuf à l'éternellement neuf, de l'inconnu qui est en nous à l'inconnu qui est dans l'autre. Il n'y a pour cette intelligence aucun arrêt possible, aucun résultat dont elle pourrait s'enorgueillir et dans quoi elle gagnerait un sommeil mérité. Il n'y a jamais de résultat — qu'un mouvement toujours à poursuivre. L'amour nourrit et relance ce mouvement : plus on aime et plus ce qu'on aime est à découvrir, c'est-à-dire à aimer encore, encore encore.

Un jeu. La règle en est simple : tu es le jeudi 6 février 1997. Il est onze heures vingt du matin. À onze heures trente, tu meurs. Tu as dix minutes pour écrire une dernière fois, sans ratures, sans « repentir » comme on dit en peinture. Bien. Je prends ce qui est devant moi, au-delà d'une baie vitrée dont je m'aperçois qu'elle est sale, mais tant pis, je n'ai plus le temps de faire le ménage. Donc je cueille lumière, arbres et maisons sur lesquels une brosse de pluie vient de passer. Je les lance en désordre sur la page. J'ajoute ceci comme un chemin entre les arbres, les maisons et la lumière : de tout ce qui m'est arrivé jusqu'à ce jour, cette heure, cette minute, cette seconde, je n'ai que du bien à dire. Onze heures trente, le jeu est terminé, je suis mort, je ferme ce carnet et je pars faire des courses.

La vie éternelle passe, moqueuse, dans la vie quotidienne. Elle s'y fait voir plus qu'entendre Elle y parle le langage des sourds-muets : mouvements des mains, clarté des visages.

Je suis, vois-tu, fatigué. Les cigarettes dont j'abuse, les longs voyages sur un tapis volant, de ma chambre au salon et du salon à ma chambre, l'approche du jour où tu es née, c'était le 18 février 1951, les fausses allures de printemps dans ce qui demeure un hiver, les livres que je lis et qui manquent de générosité, la niaiserie de ce journaliste parlant des merveilles de l'informatique, le ciel vert dollar sous lequel on fait s'agenouiller des peuples entiers, une douleur permanente dans mon épaule droite mon manque chronique de cœur et d'attention, oui, vois-tu, tout me fatigue et j'aimerais bien que tu me viennes en aide, toi qui ne peux plus aider personne, mais de t'écrire ces lignes me ranime un peu, et pour le reste, il me suffira d'imiter les tulipes sur le bureau, accueillir la fatigue comme un bienfait et me pencher au ras de cette vie pour y boire la lumière, comme font les bêtes quand elles lèchent l'eau de pluie, car j'ai oublié de te préciser cela, à toi qui vis désormais dans le luxe de ne plus connaître le temps, j'ai oublié de préciser que pendant les jours de sécheresse, au plus fort du chagrin ou de l'ennui, il y a toujours un peu de vent, une clarté, le passage même furtif d'une ondée, le pire n'est jamais sûr, un jour de la semaine dernière, je n'attendais vraiment plus rien, j'avais la tête d'un gros chien triste que personne ne promène, j'ai entendu à la radio un poème qui m'a coupé le souffle, la beauté est une respiration plus ample qui, pour venir en nous, commence par nous étouffer, donc ce poème a traversé, souverain, l'air enfumé de ma chambre, et j'ai compris que tout restait à écrire, à aimer et à vivre, le monde n'a pas encore commencé, voilà ce que j'ai entendu à la radio, une très bonne nouvelle, non ?

Mardi 18 février

Nous tenons la parole en laisse comme une petite bête domestique, alors qu'elle devrait bondir de nos cœurs brûlants.

Les roses mortes gardent un peu de fraîcheur un jour ou deux, avant de sécher. Leurs pétales, effondrés sur eux-mêmes, font penser à des dessous féminins légers, sur une chaise. Les roses mortes ne sont pas mortes : elles ont jeté tous leurs vêtements pour filer nues entre les bras de la lumière.

Dès que l'on est parfaitement seul, une autre solitude s'éveille en face, le lien se fait.

Écrire lave les vivants et désaltère les morts.

L'humilité est un piège semblable à ceux que les braconniers disposent sur le chemin coutumier des bêtes qu'ils veulent prendre. Celui-là sert à capturer Dieu ou ces oiseaux empanachés de lumière que sont les anges.

Vendredi 21 février

En haut les nuages, lourds, noirs et pressés. On dirait des hommes d'affaires au sortir du train, à Paris, chacun rivalisant de vitesse avec son voisin et faisant montre, par sa précipitation, de son importance dans le monde. En bas les arbres, piteux, secoués en tous sens, pincés aux oreilles par un vent furieux. Entre le haut et le bas, entre les hommes d'affaires et les enfants punis, ma joie, mes yeux, ma gourmandise de l'orage proche.

Dimanche 23 février

Rosa Luxemburg, révolutionnaire, dans une de ses lettres écrites en prison, quelques mois avant de mourir assassinée par ses geôliers, en

1919 : « La vie chante aussi dans le sable qui crisse sous les pas lents et lourds de la sentinelle quand on sait l'écouter. »

Lundi 24 février

La littérature éternelle — contes, mythes, légendes — est apparue sur terre avec les premiers hommes. Elle leur a permis d'habiter la terre sans y mourir de froid. Le feu et la voix qui raconte ont été inventés en même temps, donnant même chaleur et tenant les bêtes sauvages en respect. La littérature éternelle a dû venir ainsi : quelqu'un se penche sur quelqu'un qui est souffrant, commence à raconter la grande légende des aubes, le tourbillon des fins, le carnaval des dieux, et par cette voix qui invente, un peu de clair arrive dans le noir. La littérature éternelle était déjà là, entière, en ce temps où les hommes illuminaient des cavernes avec les fantômes colorés de chevaux. Elle est venue en même temps que la peur est entrée pour la première fois dans une âme, par une entaille de la chair — un chasseur mordu au talon par un serpent, un enfant aux yeux brillants de fièvre, une femme perdant son sang, allongée près des cendres, un peintre de bisons, devenu aveugle, un vieillard, ses jambes saisies par le gel. La littérature éternelle est la plus ancienne médecine du monde. Elle est antérieure à l'écriture. Avant de se déposer sur des tablettes d'argile, elle a purifié des voix, apaisé des âmes. Elle continue à le faire chaque fois qu'une mère se penche sur son enfant engourdi de fatigue, et raconte une histoire, chante un air. Il n'y a jamais eu de distinction réelle entre la parole et l'écriture. L'écriture est la sœur cadette de la parole. L'écriture est la sœur tardive de la parole où un individu, voyageant de sa solitude à la solitude de l'autre, peuple l'espace entre les deux solitudes d'une Voie lactée de mots. Ce qui nous parle, c'est ce qui nous aime. Une parole privée d'amour est une chose sourde, sans conséquence. « Je ne sais pas te parler, donc je te tue » : l'amour est un effort pour sortir de ce meurtre naturel de chacun par chacun. L'amour est cette bienveillance élémentaire à partir de laquelle une solitude peut parler à une autre solitude et, au besoin, l'accompagner jusque dans le noir. Je ne veux pas que tu souffres. Je ne veux pas que ton regard disparaisse derrière un rideau lourd de sang. Écoute. Écoute-moi. Écoute attentivement chaque histoire, chaque nom de personnage. Je ne veux pas que tu meures et je déroule pour toi les bandelettes de la littérature éternelle — contes, mythes, légendes, romans, récits, poèmes, prières. Vénus, Ève, Iphigénie, Béatrice, Phèdre, Anna Karénine... — innombrables les infirmières qui sortent de la littérature éternelle, dès le premier appel. Bienfaisante est la littérature éternelle et cette manie qu'elle a de nous parler à bas bruit, à bruit de source. Merveilleuse la croyance autour de laquelle elle sécrète ses histoires, comme le lierre autour de son arbre : tant que quelqu'un nous parle, mourir est impossible.

Jeudi 6 mars

Tout peut provoquer le surgissement de l'écriture — une perte, une joie, les ombres chinoises de la mémoire, une baleine blanche, la guerre de Troie, une odeur de lilas, mais le sujet réel des livres, leur sujet unique, c'est le lecteur à l'instant où il lit et le bouleversement qui lui vient de cette lecture, comme des retrouvailles de soi avec soi.

Impossible de parler de Dieu sans prononcer aussitôt une quantité invraisemblable de bêtises. On ne peut rien dire de Dieu, seulement parler avec lui, en lui. Si cette phrase semble folle ou prétentieuse, on l'entendra sans doute mieux en y remplaçant le mot « Dieu » par le mot

161

« amour » qui est son exact équivalent : impossible de parler de l'amour sans prononcer aussitôt une quantité invraisemblable de bêtises. On ne peut rien dire de l'amour, seulement parler avec lui, en lui.

Je me cogne encore parfois au bois de ton cercueil. C'est que je n'ai pas tout à fait renoncé à comprendre et qu'il n'y a sans doute rien à comprendre, qu'il me faut passer à une intelligence supérieure, une intelligence qui prendrait son bien dans le noir et pas seulement dans le clair, une manière de comprendre hospitalière, qui ne laisserait pas l'incompréhensible à sa porte comme un mal venu, un barbare.

Les fous, les lépreux, les hystériques, les aveugles, les muets, les paralytiques : le Christ vient à bout de tous. Il n'y a que deux catégories devant lesquelles il échoue et s'impatiente : les imbéciles et les doctes. Ceux-là ont en commun leur suffisance. Personne, jamais, ne leur fera entendre une chose aussi simple : que l'amour est source de la plus grande intelligence possible. La bêtise et l'esprit de système sont deux endurcissements, deux manières d'éprouver sa puissance sur le monde. Personne, jamais, ne

lâche de son plein gré la puissance qu'il a, fût-
elle imaginaire.

Vendredi 7 mars

Aucune fleur depuis trois jours, et c'est bien :
je devenais trop dépendant de leur lumière.
J'en arrivais à confondre mon amour pour elles
avec cette dépendance C'est une confusion
qu'un peu de solitude dissipera.

Ce matin, devant le miroir au-dessus du
lavabo, quelqu'un des années quatre-vingt-dix,
me ressemblant de loin, en se rasant s'est écor-
ché le menton. La douleur, fine, a ressuscité
quelqu'un d'autre qui s'égratignait coudes et
genoux sur la terre des écoles, dans les années
cinquante. C'est avec celui-là, qui me ressemblait beaucoup plus, que je suis sorti de la salle
de bains et que j'ai continué ma journée.
L'autre, je l'ai abandonné à sa toilette, en cage
dans le miroir

Samedi 8 mars

Le désenchantement est plus à craindre que
le désespoir. Le désenchantement est un rétré-

cissement de l'esprit, une maladie des artères de l'intelligence qui peu à peu s'obstruent, ne laissent plus passer la lumière.

Ce que j'ai et ce qui me manque : tout me donne de la force et me réjouit également.

Dimanche 9 mars

Je lis Hölderlin. Je devrais dire, plus justement : je le bois. Ses poèmes sont comme une eau de torrent. Une obscurité verte et glacée. Un ruissellement d'obscur. Du temps où tu vivais, avant que tu partes pour un autre séjour et une manière plus mystérieuse de rire, tu m'as dit, à propos de Hölderlin : j'ai un peu de mal à le lire. Il est trop simple et trop grand en même temps. Oui. C'est vrai qu'il y a dans cette poésie quelque chose d'intimidant. Devant la splendeur de certains vers, il est difficile de retenir l'exclamation enfantine : c'est pour moi ? C'est vraiment pour moi ? Tellement d'or, toute cette bonté, c'est pour moi, vous êtes sûr ? En cette fin de jour, je t'en recopie quelques lignes — quelques taches de soleil sur ta tombe, pour toi, vraiment pour toi : « L'air maintenant s'emplit d'heureux, la ville et les bosquets / Autour accueillent les joyeux enfants du ciel / Ils aiment se trouver et puis se perdre, insoucieux, / Mais chacun au nombre total est nécessaire. / C'est que le cœur l'ordonne ainsi, et la beauté qu'ils boivent, / Convenable, c'est un dieu qui la leur dispense. »

Lundi 10 mars

La mort, grand rideau rouge. Quand il tombe à la fin de la pièce, les acteurs quittent leurs costumes, se démaquillent, sortent par une porte interdite au public et découvrent une avenue vide et blanche. Un temps d'arrêt, puis chacun s'éloigne avec, dans l'allure, le calme du travail accompli, la douceur de rentrer chez soi.

Voici mon histoire. Elle est sans histoires : j'apparais et puis je chante. Je gèle, je brûle, parfois d'un jour à l'autre, et je chante encore. Je suis banal, sans importance et unique. Un jour je disparais. Personne ne s'en aperçoit. Ma fin n'est pas plus bruyante que mon début. Ma fin n'est pas une fin. Après ma disparition, mon chant demeure. Il est plus juste car il est délivré de moi. (Autobiographie du brin d'herbe.)

Mercredi 12 mars

Nous sommes plusieurs dans « Moi ». Dans ce plusieurs, un muet, par instants, prend le pouvoir, au grand soulagement des autres qui en profitent pour bavarder entre eux.

Vendredi 14 mars

Les mains dans les poches, je pousse devant moi une vieille boîte de conserve. Je m'arrête quelquefois et lève le nez sur le carré de ciel qui m'est accordé. De temps en temps j'allume une cigarette et je siffle un air. J'attends. Parfois quelque chose arrive — une affirmation brutale de la lumière, un soudain élargissement de la vue. Le plus souvent, il ne se passe rien. Telle est, au plus près, ma manière de vivre et d'aller sur la terre enchanteresse. Je n'imagine pas quitter un jour mon terrain vague, ses pissenlits, ses ronces et ses miracles. J'y vais, j'y viens. J'y traîne. Peu de désirs, aucun projet. Je n'ai jamais cru aux bonnes paroles du genre : « Une vie, ça se construit. » Je ne crois en rien, seulement en Dieu.

166

« Théorie du brin d'herbe » : ce pourrait être un des titres de ce livre. Une théorie, c'est grand. Un brin d'herbe, c'est petit. Une théorie, c'est puissant et sévère. Un brin d'herbe, c'est fragile et souvent rieur. Une théorie qui mettrait en son centre un brin d'herbe ressemblerait à ce livre calmement poussé sur un an. Une théorie résume ce que l'on a découvert. Ce que j'ai découvert au long de cette année-lumière s'appelle : l'inépuisable. De nombreuses figures de l'inépuisable peuvent se rencontrer dans le monde. La plus radieuse est incontestablement celle du brin d'herbe. Elle m'a servi de modèle. Un deuxième appui m'était donné par ton silence sous la terre, à trois cents kilomètres du lieu où j'écris. Un silence vivant, aimanté, irriguant des phrases qui, même sombres, ne savent que rire. D'ailleurs les brins d'herbe passent leur temps à ça : danser au moindre prétexte et remercier pour les grâces chaque jour reçues. Au fond, la theorie leur importe peu. Oui. Au fond.

Mardi 18 mars

Je crois bien que je me moque d'à peu près tout. Je dis : je crois, car qui est sûr de jamais disposer d'une telle force ? Sur cette première constatation, se greffe la seconde : rien ne m'est indifférent. Voici donc les deux ailes avec lesquelles je vole : détachement, sympathie. La première m'emporte très haut, la seconde m'aide à emporter avec moi tout ce que je vois. Il faut qu'elles battent en même temps, bien sûr, sinon c'est la chute.

Mercredi 19 mars

Je suis une place vide, balayée par les clartés confuses de mars. Je suis un platane dans la cour d'une école maternelle, un dimanche. Je suis une maison de briques rouges, près d'une mine fermée. Je suis du linge qui sèche dans le grenier d'une maison de campagne. Je suis une poussière sous un lit, une image oubliée dans un livre, un tissu dans une camionnette à la fin du marché. Je suis partout où quelque chose attend sans attendre. Je me nourris de ce que le monde néglige. Je prends conseil auprès de ces choses sans valeur. Je prends conseil et je prends soin, j'écris.

Vendredi 21 mars

Je pense à vous qui allez au bout du monde, pour des raisons d'affaires ou de tourisme. Je pense à vous qui prenez des trains, des bateaux, des avions. Je vous souhaite de trouver autant de merveilles que celles qui fleurissent dans cette ville que je ne quitte pas. Comme les grands dévoreurs d'espace, j'ai tenu mon journal. Mon paquebot, lourd et lent, c'était l'immeuble où je vis. Mon train partait à toutes les heures : c'était la lumière de chaque jour et ses wagons couverts de graffitis. Ce journal se termine à quelques jours de Pâques 1997. Il s'est ouvert à la veille de Pâques 1996. Ce jour est le plus mystérieux de l'année. Ce que les hommes appellent l'Histoire se passe dans cette obscurité du samedi saint. L'art, l'amour et le travail — c'est pour atteindre le dimanche, une manière de patienter en parlant de la pluie, du beau temps et de Dieu. L'immeuble-paquebot glisse sur le temps profond. Je ne sais quand il arrivera au port et de quoi sera faite l'escale. Vous pensez peut-être qu'il n'y a rien derrière la beauté du monde, après la traversée. Je pense qu'il y a **plus** que tout. Vous avez pour vous la raison et les apparences. J'ai pour moi ma gaieté. Nous verrons bien. Mais Dieu, que l'air est doux, ces temps-ci. Nous passons au large du printemps. C'est le milieu du jour. Tout y est en mouvement. Tout y est en repos.

DU MÊME AUTEUR

LA VIE PASSANTE.
UN LIVRE INUTILE.

Aux Éditions Lettres Vives

L'ENCHANTEMENT SIMPLE (repris avec LE HUI-
  TIÈME JOUR DE LA SEMAINE, L'ÉLOIGNEMENT
  DU MONDE et LE COLPORTEUR en Poésie-Gallimard).
LE HUITIÈME JOUR DE LA SEMAINE.
L'AUTRE VISAGE.
L'ÉLOIGNEMENT DU MONDE.
MOZART ET LA PLUIE.
LE CHRIST AUX COQUELICOTS.

Aux Éditions du Mercure de France

TOUT LE MONDE EST OCCUPÉ (repris en Folio,
  n° 3535).

Aux Éditions Paroles d'Aube

LA MERVEILLE ET L'OBSCUR.

Aux Éditions Brandes

LETTRE POURPRE.
LE FEU DES CHAMBRES.

Aux Éditions Le Temps qu'il fait

ISABELLE BRUGES (repris en Folio, n° 2820).
QUELQUES JOURS AVEC ELLES.
L'ÉPUISEMENT.
L'HOMME QUI MARCHE.
L'ÉQUILIBRISTE.

Composition Euronumérique.
Impression Société Nouvelle Firmin-Didot
à Mesnil-sur-l'Estrée, le 20 avril 2005.
Dépôt légal : avril 2005.
1ᵉʳ dépôt légal dans la collection : novembre 1999.
Numéro d'imprimeur : 73525.

ISBN 2-07-041170-2/Imprimé en France.